OTAKU JAPANESE

オタジャパ！
オタクな例文で覚える 上級表現＆文型

……………………『オタジャパ！』製作委員会……………………

国書刊行会

登場人物紹介

ルイーゼ

とある国のお嬢様。日本のマンガとアニメが大好きで、なんとか日本語を勉強してきたが、やはり勉強は嫌いな17歳。

ジーヴス

超有能な執事。
日本語ができる理由は秘密。
ルイーゼとロイに試験を受けさせるべく、この教材を開発した。

ロイ

ルイーゼの弟。
姉よりもさらに深く日本のアニメとマンガを愛する「オタク」。最近、現実世界にあまり興味がなくなってきている。夢は「コミックマーケット」に行くこと。

ピエール

ルイーゼ、ロイの友人。
日本の時代劇オタク。日本にニンジャがいると信じ、ニンジャにあこがれてニンジャの話し方をまねているが、その言葉が日本ではもう通じなくなっていることを、彼はまだ知らない。

ローゼンマイヤーさん

屋敷のメイド頭。
日本語ができる理由は謎。
日本の新聞記事を集めてきては、ルイーゼとロイに見せてくれる。そのネタが偏っているのは、二人に興味を持ってもらいたいという優しい心のあらわれ。

コトノハくん

ジーヴスがどこからか連れてきた「試験対策機能搭載ロボット」。コトノハくんが出てくると、問題や例文が試験対策モードに変換される。

はじめに

　近年、日本語学習者に日本語を勉強しようと思ったきっかけや動機を聞くと、「日本のマンガが好きだから」「日本語でアニメを楽しみたいから」「日本の文化に興味があるから」といった答えが返ってくることが非常に多くなっています。好きなものについてもっと知りたい、好きなことで勉強したい、と思うのは自然なこと。そんな「オタク心」に応えられる教材を作れないか、という思いから作ったのが本書『オタジャパ！』です。

　『オタジャパ！』は「オタクな例文で覚えるジャパニーズ（日本語）」という意味です。本書の一番の特徴は「例文」で、日本語学習者が興味を持っていると思われるアニメやマンガ、日本文化（時代劇、相撲、忍者）などを題材にしています。少しマニアックなので、ほかの教科書の例文とは違うと感じると思いますが、「オタク」な例文を楽しみながら、表現・文型を覚えてもらうことを目的としています。

　取り上げた表現・文型は上級で学ぶものが中心です。それを「気持ち」で分けました。表現・文型を覚えるだけではなく、どういうことを言いたいときに使うのかも一緒に理解して、表現の幅を広げてください。さらに、表現・文型を覚えたかどうか、確認するための問題をつけましたので、知識の定着と復習に活用してください。

　『オタジャパ！』をきっかけに、もっと日本語を勉強したい、と思っていただけたら幸いです。

『オタジャパ！』製作委員会

はじめに
プロローグ
本書の構成と使い方

第1章 すごい！ うれしい！ ありがとう！ …11
喜びや感動、感謝などにかかわる表現

- 表現＆文型 ……………………………… 12-14, 16-18
- 練習問題1 ……………………………………… 15
- 練習問題2 ……………………………………… 19
- 読もう！ オタトピック！　1 ………………… 20-21
- 　　　　　　　　　　　　　2 ………………… 22-23
- 　　　　　　　　　　　　　3 ………………… 24-25
- 敬語の時間1 …………………………………… 26

第2章 うそ!?　そんな……どうしよう？ …… 27
悲しみや驚き、残念な気持ちなどにかかわる表現

- 表現＆文型 …………… 28-30, 32-34, 36-38, 40-41
- 練習問題3 ……………………………………… 31
- 練習問題4 ……………………………………… 35
- 練習問題5 ……………………………………… 39
- 練習問題6 ……………………………………… 42
- 敬語の時間2 …………………………………… 43
- 読もう！ オタトピック！　4 ………………… 44-45
- 　　　　　　　　　　　　　5 ………………… 46-47
- 　　　　　　　　　　　　　6 ………………… 48-49
- マンガ家さんの声を聞いてみましょう　1 ……… 50

第3章 むかっ！ いいかげんにして！ ……… 51
怒りや不快な気持ちなどにかかわる表現

- 表現＆文型 …………………… 52-54, 56-58, 60-61
- 練習問題7 ……………………………………… 55
- 練習問題8 ……………………………………… 59

練習問題9 ……………………………………………… 62
敬語の時間3 …………………………………………… 63
読もう！　オタトピック！　7 ……………………… 64-65
　　　　　　　　　　　　　8 ……………………… 66-67
　　　　　　　　　　　　　9 ……………………… 68-69
マンガ家さんの声を聞いてみましょう　2 ……………70

第4章　ここ！　ここ！　ここが大事！ ……………71
何かを強調するときの表現

表現＆文型 ……………………… 72-74, 76-78, 80-82, 84-85

練習問題10 ……………………………………………… 75
練習問題11 ……………………………………………… 79
練習問題12 ……………………………………………… 83
練習問題13 ……………………………………………… 86
敬語の時間4 …………………………………………… 87
読もう！　オタトピック！　10 ……………………… 88-89
　　　　　　　　　　　　　11 ……………………… 90-91
　　　　　　　　　　　　　12 ……………………… 92-93
マンガ家さんの声を聞いてみましょう　3 ……………94

第5章　ひとことでは言えません！ ……………………95
その他の表現

表現＆文型 ……………………… 96-98, 100-102, 104-105
練習問題14 ……………………………………………… 99
練習問題15 ……………………………………………… 103
練習問題16 ……………………………………………… 106
敬語の時間5 …………………………………………… 107
読もう！　オタトピック！　13 ……………………… 108-109
　　　　　　　　　　　　　14 ……………………… 110-111
　　　　　　　　　　　　　15 ……………………… 112-113

章別表現一覧 …………………………………………… 114-115
索引 ……………………………………………………… 116-118

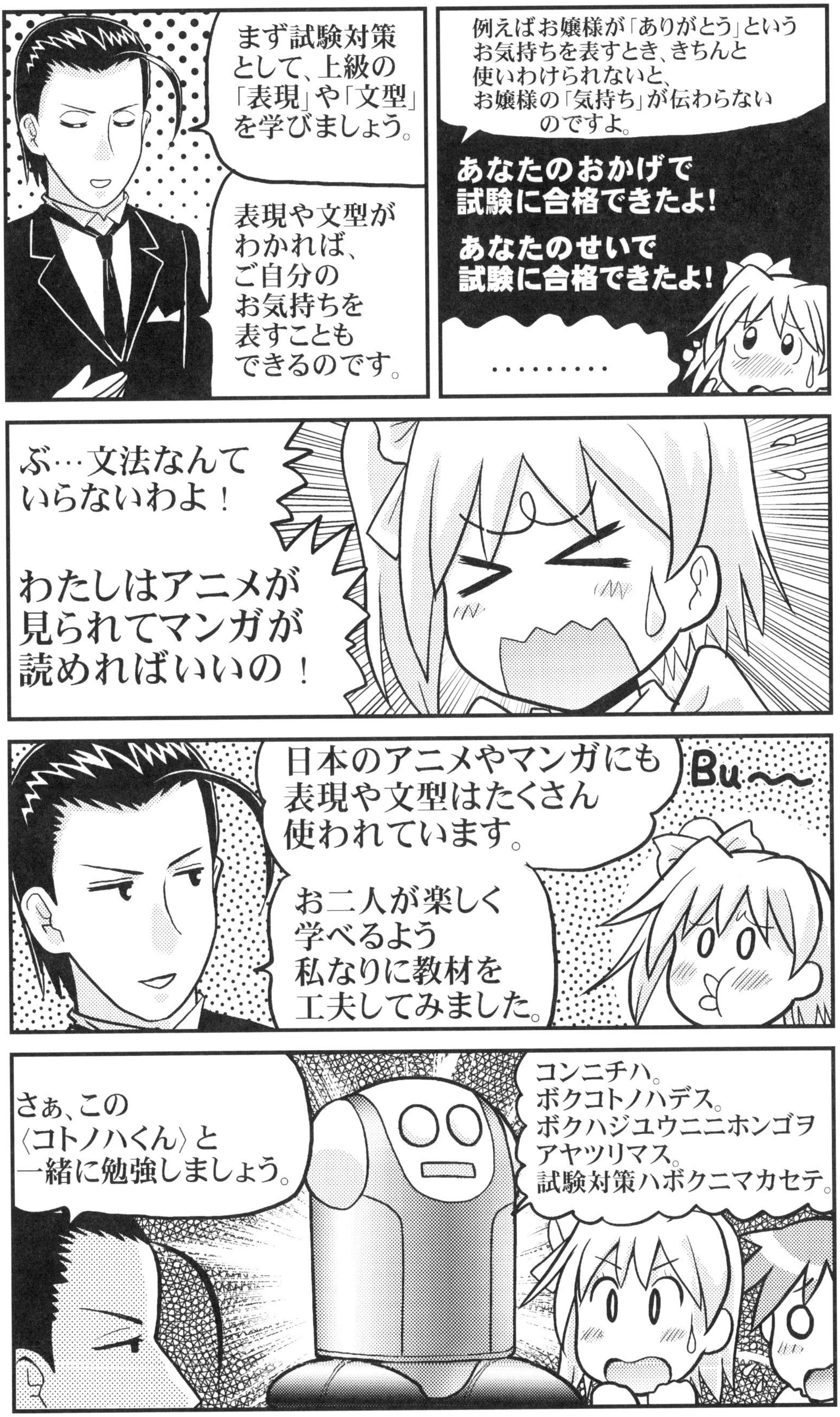

本書の構成と使い方

●本書の構成

本書は5章からなります。各章は「気持ち」で分類しています。
・第1章：喜びや感動、感謝、相手をほめる、プラスの評価、などの表現
・第2章：悲しみや驚き、残念な気持ち、意外な気持ち、あきらめ、心配、恐れ、後悔、などの表現
・第3章：怒りや不快な気持ち、いらだち、おどし、非難、軽蔑、うらみ、命令などの表現
・第4章：何かを強調するときの表現
・第5章：その他の表現

●各章の構成

各章は、「表現＆文型」「練習問題」「敬語の時間」「読もう！ オタトピック！」「マンガ家さんの声を聞いてみましょう（2、3、4章のみ）」で構成されています。

◆表現＆文型

1つの表現に対して、①例文 ②表現と、その接続形式の説明 ③解説、の順で掲載しました。表現文型は、旧日本語能力試験の『出題基準』、改定後に出題された問題をまとめた『日本語能力試験公式問題集』などを参考に、よく使われると思われる約170項目を選定しました。

「例文」は、日本語学習者が興味を持っていると思われるアニメやマンガ、日本文化（時代劇、相撲、忍者）などを題材にしています。「接続」と「解説」は、できるだけ簡潔な形で示しました。

◆練習問題

「文型＆表現」で取り上げたものを理解できているか、確認するための練習問題です。ここは、「オタク」をテーマにした文ではなく、日本語能力試験の文法問題「文の文法Ⅰ（文法形式の判断）」「文の文法Ⅱ（文の組み立て）」の出題形式に合わせて作成しました。

◆敬語の時間

上級で学ぶ重要な敬語表現を、「オタク」な例文で学習できるページです。2択問題形式にしたので、力試しと知識の整理に役立ててください。4章、5章では、実際に敬語が使われることが多い場面として、「メイド喫茶」などを想定し、会話形式の問題にしました。

◆読もう！ オタトピック！

読解用の教材として、アニメやマンガに関する話題を取り上げた新聞記事を掲載しました。テーマは、人気の高いアニメについての解説、日本のアニメ・マンガをめぐる国内・各国事情など、幅広い分野から選びました。読解教材としても使えますが、日本語能力試験の文法分野で出題されている「文章の文法（文の流れにあった文かどうか判断する）」の出題形式にあわせた問題にもなっています。

◆マンガ家さんの声を聞いてみましょう

『NARUTO』『鋼の錬金術師』など、学習者の間で人気のあるマンガ作家のインタビュー記事です。読解教材として使うことができます。取り上げた記事は新聞に掲載されたものです。

なお、掲載されている新聞記事には原文にはない読みがなを付けたところがあります。

●マーク、記号について

接続形式の説明で使用した用語・記号の意味
- ／：「または」の意味
- 動詞の普通形：(例) 書く、書かない、書いた、書かなかった、など
- 動詞のタ形：(例) 書いた、見た、来た、した、など
- 動詞のナイ形：(例) 書かない、見ない、来ない、しない、など
- 動詞のナイ形：ナイ形から「ナイ」を取った形　(例) 書、見、来、し、など
- 動詞のマス形：(例) 書きます、見ます、来ます、します、など
- 動詞のマス形：マス形から「マス」を取った形　(例) 書き、見、来、し、など
- 動詞の辞書形：(例) 書く、見る、来る、する、など
- 動詞の意向形：(例) 書こう、見よう、来よう、しよう、など
- 動詞のバ形：(例) 書けば、見れば、来れば、すれば、など
- 動詞のバ形：バ形から「バ」を取った形　(例) 書け、見れ、来れ、すれ、など
- 動詞の受身形：(例) 書かれる、見られる、来られる、される、など
- 動詞の可能形：(例) 書ける、見られる、来られる、できる、など
- イ形容詞の辞書形：(例) 明るい、楽しい、寒い、など
- イ形容詞のク形：(例) 明るく、楽しく、寒く、など
- イ形容詞の普通形：(例) 明るい、明るくない、明るかった、明るくなかった、など
- イ形容詞のバ形：(例) 明るければ、楽しければ、寒ければ、など
- イ形容詞のバ形：バ形から「バ」を取った形　(例) 明るけれ、楽しけれ、寒けれ、など
- ナ形容詞：ナ形容詞の語幹　(例) 元気、静か、きれい
- ナ形容詞の普通形：(例) 元気だ、元気である、元気ではない、元気だった、元気ではなかった、など
- 名詞：(例) 本、人、未来、など

⇒書き言葉につくマーク　　　⇒古い表現を使った例文につくマーク

⇒日本語能力試験形式の問題につくマーク　　⇒読む問題につくマーク

第 1 章

すごい！ うれしい！ ありがとう！

喜びや感動、感謝などにかかわる表現

「船長あっての海賊団だ」と仲間が言うと、船長は「クルーあっての船長だ」と返した。

 名詞＋あっての＋名詞

「AあってのB」の形で、「AがあるからBが成立する」という意味。BにとってAがとても大事である、という意味を表す。

彼のおかげで、今日もまた、地球の平和は守られたのであった。ありがとう、オタジャパマン！

 動詞のタ形＋おかげで／名詞＋のおかげで／ナ形容詞＋なおかげで／イ形容詞の普通形＋おかげで

「～」が原因・理由で、よい結果になったことを表す表現。悪い結果になった場合は、「～せいで」を使う。皮肉で「迷惑」な気持ちを言うこともある。例：あんたのおかげで、全部台なしだよ。

苦労のかいがあって、字幕なしでアニメを鑑賞できるようになった。

 動詞のタ形＋かいがある／名詞＋のかいがある

「～という行為をした効果がある／その行為が報われる」という意味。

ものすごい速さで昇進しただけに、まだ、彼はマゲが結えるだけの髪が伸びていない。

 動詞の普通形・イ形容詞の普通形・名詞＋だけに／ナ形容詞＋なだけに

「～ので、それにふさわしく／～ので、当然」という意味。

第1章　すごい！　うれしい！　ありがとう！

ドジな私をいつも助けてくれる、さわやかな俊介くん。彼がヒーローでなくてなんだろう。

名詞＋でなくてなんだろう

「～である」ということを言う言い方。「～にちがいない」。「～」には、「愛」「運命」「裏切り」などの言葉がくることが多い。

そこまで言うのなら、劇の主役を引き受けないでもないわよ。
あの博士の新しい発明品なら、試してみないものでもないが。

動詞のナイ形＋でもない／ものでもない

「まったくしないわけではなく、場合によってはする可能性がある」という意味。

明日はアイドルのコンサートとあって、ロイはなかなか眠ることができなかった。

動詞の普通形・イ形容詞の普通形・ナ形容詞・ナ形容詞の普通形・名詞＋とあって

「～なので／～という特別な事情があって」という意味。

彼は、体は小学生といえども、頭脳は並の大人以上だ。

動詞の普通形・イ形容詞の普通形・ナ形容詞・ナ形容詞の普通形・名詞＋といえども

「～であっても／～といっても」という意味。「～」で述べられる人や物の特徴とは反することを述べる言い方。

彼女は子どもながらも、大人にまじってよくやっている。

 動詞のマス形・名詞・形容詞（〜い）＋ながらも

 「〜ではあるけれども」という意味。前で言っていることから予測されるのとは違った結果であることをいう。十分とは言えないがよくやっている、というプラスの評価をするときによく使う表現。

 彼の立ち上げたサイトは、アニメオタクならではの知識と情熱をつぎ込んだ濃い内容で、1日のアクセス数は1万ビューを超える。

 名詞＋ならでは（の）＋名詞

 「〜に特有の／〜だからこその」という意味。

 あの子、小さいなりによくやってるじゃないか。顔つきも男になってきたよ。

 動詞の普通形・イ形容詞の普通形・ナ形容詞・ナ形容詞の普通形・名詞＋なりに

 「〜にふさわしい、相当の」また、「十分とはいえないが／〜の力に応じて」という意味。足りないところはあるものの、それなりによくやっている、というプラスの評価をするときに使う表現。

練習問題 1

問題1 次の文の（　）に入れるのに最もよいものを、1・2・3・4から一つ選びなさい。

① 高校時代に好きだった彼女と、日本から遠く離れたこの街で再会した。これが運命（　　　）。
　1　にもほどがある　　　　　　　　　2　にこしたことはない
　3　でなくてなんだろう　　　　　　　4　とはいえまい

② 昨日は風邪気味だったが、たっぷり寝ることが（　　　）、すっかりよくなった。
　1　できたせいで　　　　　　　　　　2　できたおかげで
　3　できたとはいえ　　　　　　　　　4　できたと思いきや

③ 人気の店（　　　）、平日にもかかわらず、開店前から行列ができている。
　1　ならでは　　2　にあって　　3　とあって　　4　ながら

④ あの大関は「お客さん（　　　）大相撲」ということをよくわかっている。
　1　ゆえの　　2　あっての　　3　ならではの　　4　ながらの

⑤ （　　　）も、やっと自分の家を持つことができた。
　1　狭いかぎり　　2　狭かろうに　　3　狭いながら　　4　狭かったの

問題2 次の文の　★　に入る最もよいものを、1・2・3・4から一つ選びなさい。

① 昨晩は、＿＿＿　＿＿＿　★　＿＿＿　料理を堪能した。
　1　使った　　2　この地方　　3　食材を　　4　ならではの

② あなたにとっては納得いかないかもしれないけれど、私＿＿＿　＿＿＿　★　＿＿＿　なので、認めてほしい。
　1　なりに　　2　結論　　3　よく考えて　　4　出した

③ 努力＿＿＿　＿＿＿　★　＿＿＿　合格できた。
　1　あって　　2　したかいが　　3　学校に　　4　第一希望の

④ 君がそこまで＿＿＿　＿＿＿　★　＿＿＿　。
　1　のなら　　2　ものでもない　　3　覚悟している　　4　協力しない

⑤ いくら＿＿＿　＿＿＿　★　＿＿＿　言われたら怒るのも無理はない。
　1　といえども　　2　ひどいことを　　3　あそこまで　　4　温厚な彼

⑥ 彼はこれまでにさまざまな＿＿＿　＿＿＿　★　＿＿＿　、ちょっとのことでは動じない。
　1　困難を　　2　だけに　　3　来た　　4　乗り越えて

あの探偵の手にかかっては、どんな難事件も解決してしまう。

 名詞＋にかかっては

 人や人の行動に関する言葉について、「～に対しては、誰もかなわない」という意味を表す。

 あの宝石は、世紀の大泥棒にして初めて盗むことができる代物だ。

 名詞＋にして

 「～であって／～であるから」という意味。程度や能力などに驚きの気持ちがあることを表す表現。

 このマンガは、大人が読むにたえる、素晴らしい作品だ。

 名詞＋にたえる／動詞の辞書形＋にたえる

 「～するだけの価値がある」という意味を表す。「～」には「鑑賞」「読む」「聞く」などの言葉がくることが多い。否定の形は「～にたえない（～する価値がない）」で、「～にたえられない」にはならない。

 彼こそ、私が誇るにたる、真の戦士だ。

 動詞の辞書形・名詞＋にたる

 「～するのに十分な／～にふさわしい」という意味。

16

礼にはおよびません、お嬢様。執事として当然のことをしたまでです。

 名詞・動詞の辞書形＋にはおよばない

 「そこまでする必要はない／そうするほどでもない」という意味。

 いささか高圧的なところのある美形の彼女だが、今日は素直なのでいつにもまして可愛い。

 名詞＋にもまして

 「～よりもっと」という意味。前に比較する内容がきて、「それよりもまして」という意味を表す表現。「以前よりもまして」「いつにもまして」の形でよく使われる。

 ザコどもは倒した。あとはラスボスの登場を待つばかりだ。

※ラスボス：ラストボス（最後の強敵）

 動詞の辞書形＋ばかりだ

 「やるべきことをやって、あとは～するだけだ」という意味。

 あの将軍は、温和な人柄もさることながら、高い指導力で知られている。

 名詞＋もさることながら

 「AもさることながらB」の形で、「Aもそうだが、Bももっとそうである／Aも大事だが、Bももっと大事である」という意味。

君をおいて、一号機のパイロットはほかにいない。

 名詞＋をおいて

 後ろに否定の表現（「ほかにいない」など）がきて、「～以外に適当なものはない／～が最もふさわしい」という意味。

 育ての親からの反対をものともせずに、彼はハンターを目指すことに決めた。

 名詞＋をものともせずに

 「～を何の問題にもしないで／～を少しも恐れず」という意味。困難や厳しい状況に立ち向かっていく様子を表す。

練習問題2

問題1 次の文の（　）に入れるのに最もよいものを、1・2・3・4から一つ選びなさい。

① どんなに荷物の多い部屋でも引っ越しのプロに（　　）、荷物を運び出すのもあっという間だ。
　　1　かけては　　　　2　かけると　　　　3　かかっては　　　　4　かかられると

② 私たちで準備できますので、わざわざお越しいただくには（　　）。
　　1　およびましょう　　　　　　　　　2　およびできません
　　3　およばれません　　　　　　　　　4　およびません

③ 現社長に代わって、あの企業の経営を任せられるのは、彼（　　）ほかにいない。
　　1　のみならず　　　2　をおいて　　　3　にひきかえ　　　4　ともなると

④ 泥沼の離婚劇を繰り広げる2人が、互いに相手を罵倒する様子は、汚い言葉が飛び交い、（　　）ものだった。
　　1　聞くにはおよばない　　　　　　　2　聞くに値する
　　3　聞くにたえられない　　　　　　　4　聞くにたえない

⑤ 彼は、14歳（　　）世界トップレベルの選手として活躍している。
　　1　にして　　　　2　とあって　　　　3　たりとも　　　　4　はおろか

⑥ 今日の深田選手の演技は、（　　）凄みがある。何か心境の変化があったのだろうか。
　　1　いつともなしに　　2　いつにもまして　　3　いつといわず　　4　いつとばかりに

問題2 次の文の　★　に入る最もよいものを、1・2・3・4から一つ選びなさい。

① 彼女は、＿＿＿　＿＿＿　★　＿＿＿　をやり遂げた。
　　1　周囲の　　　　2　そのプロジェクト　　　3　ものともせず　　　4　反対を

② 犯人に関して多くの情報が寄せられたが、＿＿＿　＿＿＿　★　＿＿＿。
　　1　信じる　　　　　　　　　　　　　2　情報は
　　3　にたる　　　　　　　　　　　　　4　ほとんどなかった

③ その映画は、＿＿＿　＿＿＿　★　＿＿＿　大変すばらしい。
　　1　もさること　　　2　音楽が　　　3　映像の美しさ　　　4　ながら

④ テーブルに食器を並べおわり、あとはお客様を　＿＿＿　＿＿＿　★　＿＿＿、炊飯器のスイッチを入れ忘れていたことに気付いた。
　　1　という時に　　　2　お迎えする　　　3　なって　　　4　ばかり

読もう！ オタトピック！ 1

次の文を読んで、1から5の中に入る最もよいものを、1・2・3・4から一つ選びなさい。

　あじさい電車や駅伝の町が「エヴァの聖地」へ——。95年のテレビ放送以来、熱狂的に支持されるアニメ「エヴァンゲリオン」。舞台となった神奈川県箱根町がアニメのシーンと実際の場所を照合した観光地図を作り、話題を　1　。ファンの間で「聖地巡礼」と称されるロケ地訪問と、地域の取り組みを紹介します。

　箱根湯本駅、6月中旬の朝8時。「ヱヴァンゲリヲン　箱根補完マップ」の配布が始まると、平日　2　300人に膨らんだファンの行列が、ようやく、という空気とともに動き出した。インターネットで知り合った仲間とアニメの舞台を巡っているという会社員の男性（41）は、「ツアーも企画してほしい」とうれしそうに話し、急ぎ足で東京へ戻った。

　箱根の観光客は年間延べ2000万人。その多くを中高年が占める。「若い人にもヘビーユーザーになってほしい」。箱根町観光協会が活性化の　3　選んだのが、「エヴァ」だった。

　巨大なヒト型決戦兵器「エヴァンゲリオン」を操縦し、「使徒」と呼ばれる謎の生命体と戦う少年少女を描いたSFアニメ。人のつながりや存在理由　4　物語は社会現象を巻き起こし、相次ぐ再放送や映画化でファンを増やし続ける。

　使徒を迎え撃つ要塞都市「第3新東京市」のモデルとなっているのが、箱根の仙石原一帯だ。「箱根補完マップ」では、一昨年公開の映画「ヱヴァンゲリヲン新劇場版　序」に登場するシーンを基に、庵野秀明監督ら関係者のインタビューなどから特定した19カ所を紹介する。

　監修を手がけたガイナックスの担当者は、「90年代には『おたく』と後ろ指を　5　アニメ好きが、ここ数年はファッショナブルなものとしてとらえられている」とファン層の広がりを指摘。今回の試みについて、「新たなあそびが提案できた」と手応えを感じている。「今後は『破』（公開中の続編映画）〈注1〉の内容でもマップを作りたい。激しい戦闘で箱根をひどい目に遭わせるんですけどね」

（『朝日新聞』夕刊　2009年7月14日）

〈注1〉「ヱヴァンゲリヲン新劇場版」は全4部作。第1作「序」は2007年、第2作「破」は2009年公開。第3作「Q」は2012年11月17日公開。

1
1　呼んでいきます　　　　2　呼んでいます
3　呼んでみます　　　　　4　呼ばせています

2
1　とはいえないまでも　　2　とばかりに
3　にひきかえ　　　　　　4　にもかかわらず

3
1　起爆剤として　　　　　2　起爆剤ながらに
3　起爆剤とあって　　　　4　起爆剤にかけても

4
1　もかまわず迫った　　　2　とばかりに迫った
3　にまで迫った　　　　　4　さえも迫った

5
1　さされていた　　　　　2　さした
3　さされる　　　　　　　4　さしていた

読もう！ オタトピック！ 2

次の文を読んで、1から5の中に入る最もよいものを、1・2・3・4から一つ選びなさい。

　歌詞や旋律を入力すると「美少女」が歌う、音声合成ソフト「初音ミク」が本格的に海外進出を始める。7月2日（日本時間3日）に初めての海外公演を米ロサンゼルスで開き、英語版も開発中という。日本で独自の進化を遂げたネット創作文化が海外に広まるか、　1　。

　公演は、ステージ上の透明なボードに3Dアニメで映し出されたミクが、生演奏のバンドを従えて、「歌う」コンサート。イベント「アニメエキスポ」の一環で、3500人分のチケットは完売したという。

　「ミク現象」の特徴は、たくさんのネットユーザーが自発的に、ミクに歌わせるオリジナル曲や、動画、イラストを作って動画サイトなどに投稿。活発な二次創作で　2　だ。開発したクリプトン・フューチャー・メディアの伊藤博之CEOは「創作がチェーンのように広がっていく。世界でもこうした動きをつくっていきたい」と話す。

　　3　、課題もありそうだ。今春、米国トヨタのカローラのイメージキャラクターにミクが起用されたが、「萌え」の要素が強い原型とかけ離れたアメリカンコミックのような風貌に驚きの声もあった。伊藤さんは「現状では米国でのミクのファンは、日本のマンガやアニメが好きな人が中心で、広く知られてはいない。あまりイメージが違うとあつれきを　4　が、今回のような実験をしながら進めている」と言う。

　クリプトン社と共に、公演を企画したアスキー・メディアワークスの福岡俊弘さんによると、海外でもミクはキャラクターとしてコスプレファンに人気だが、「創作よりも消費の傾向が強い」のが現状という。ただ、「コスプレやダンスなど、国によって得意なジャンルは異なり、それぞれのミクの楽しみ方が　5　」と期待を込める。

（『朝日新聞』朝刊　2011年6月29日）

1
1 注目する　　　　　　　2 注目される
3 注目させられる　　　　4 注目している

2
1 結んでみること　　　　2 結ばれているもの
3 結ばれること　　　　　4 結んでみるもの

3
1 ただ　　　　　　　　　2 そのうえ
3 むしろ　　　　　　　　4 確かに

4
1 生まれまい　　　　　　2 生むまい
3 生みかねる　　　　　　4 生みかねない

5
1 生まれてくる　　　　　2 生まれてこない
3 生んでくる　　　　　　4 生んでこない

読もう！ オタトピック！ 3

次の文を読んで、1から5の中に入る最もよいものを、1・2・3・4から一つ選びなさい。

　ベルギーの世界的振付家シディ・ラルビ・シェルカウイが、手塚治虫の創作世界から想を得たダンス作品「テヅカ　TeZukA」を23〜27日、東京・渋谷のオーチャードホールで発表する。英国、日本、ベルギー3カ国の共同制作で、昨年ロンドンで初演。「手塚は常に私を　1　存在。亡き彼と心の中で対話しながら創作した」とシェルカウイは語る。

　コンテンポラリーダンスの最先端を走る振付家が輩出するベルギーに生まれ育ったシェルカウイ。父がモロッコ人でありイスラム文化にも精通。白黒つかぬ不条理な世界をも見据え、創作の糧にしてきた。
　なかでも日本のマンガ・アニメ文化には、崇拝に近い気持ちを　2　。「新世紀エヴァンゲリオン」で神への考察を深め、深い暗喩に満ちた浦沢直樹の「モンスター」に何度も涙した。
　「日本のマンガは歴史、科学、哲学、すべてを結び、包みこむ。音楽やダンスと同等の力がある」
　そんな鬼才に手塚は「無数の枝を持つ大樹」と映るという。善悪の基準で簡単に　3　矛盾をはらむヒーローたちの姿に、とりわけ強い啓示を受けた。科学技術と自然と人間社会のきわどいバランスが生み出したアトム。最高の技術を持ちながら人間味のない金の亡者として描かれるブラック・ジャック。
　「人間という存在について哲学する　4　手塚作品は知恵の宝庫です」
　昨年、東日本大震災の日は偶然日本にいた。「今あなたがここにいたら、この状況にどう　5　」と、祈りながら心の中で手塚に問いかけた。
　「西洋文明は、自然の力に対する視点を欠いたまま発展してきた。手塚の作品はその矛盾を鋭く見据え、人間による再生の力を希望を持って描き出す。手塚の宇宙の中に、今後歩むべき解決の糸口を探したい」〈後略〉

（『朝日新聞』夕刊　2012年2月18日）

[1]
1　導いてあげる　　　　　　　2　導かせてくれる
3　導いてくれる　　　　　　　4　導いてもらえる

[2]
1　抱いている　　　　　　　　2　かかえている
3　負っている　　　　　　　　4　強いている

[3]
1　計り知れる　　　　　　　　2　割り切れる
3　計り知れぬ　　　　　　　　4　割り切れぬ

[4]
1　とともに　　　　　　　　　2　からこそ
3　うえで　　　　　　　　　　4　までもなく

[5]
1　立ちつくすのですか　　　　2　座りこむのですか
3　投げかけるのですか　　　　4　向き合うのですか

敬語の時間　1

「尊敬表現」の問題をまとめました。尊敬語は、相手や相手の持ち物、動作、状態、相手に関係のある人などを敬って言うときに使う言葉・表現です。特別な表現を使うものが多いので、正しい形を覚えましょう。また、謙譲語と混同しないように気をつけましょう。

（　　　）の中から正しいものを選びなさい。

1. 先生はずいぶんお年を（ a　めしあがっている　b　めしている ）が、いまだに気持ちは17歳だと言い張っている。(「とっている」の尊敬表現)

2. 少佐は、とても（ a　お美しくていらっしゃる　b　お美しくてなられる ）が、それは無機質な美しさだ。(「美しい」の尊敬表現)

3. 将軍閣下は、最近、忍びの術について、熱心に（ a　ご研究なさっている　b　ご研究いたされている ）。(「研究している」の尊敬表現)

4. A「警部どのはどのような事件を（ a　ご担当さられますか　b　ご担当ですか ）？」
B「三代目の大泥棒の捕獲です。」(「担当していますか」の尊敬表現)

5. 「腕によりをかけた一品です。どうぞ（ a　おあがりください　b　おめしください ）」とコックは女性たちに言った。(「食べてください」の尊敬表現)

6. あのコックは、女性客が来るたびに、「まあ、お客さま、今日も（ a　おきれいでみえる　b　おきれいでいらっしゃる ）」と声を掛けている。(「きれいだ」の尊敬表現)

7. 待ち合わせの時間になっても、警部殿は（ a　ご覧にならない　b　おいでにならない ）。(「来ない」の尊敬表現)

8. 「お嬢様は、もう寝室で（ a　お休みになっておいでになる　b　お休みいたすである ）」と、執事は答えた。(「休んでいる」の尊敬表現)

9. 私の家は秋葉原からそう遠くないので、近くにきた際はぜひ（ a　お越しください　b　お伺いください ）。(「来てください」の尊敬表現)

10. 当マンガ喫茶ではパソコンも（ a　ご利用になれます　b　利用なさいます ）よ。(「利用できます」の尊敬表現)

第 **2** 章

うそ!?
そんな……どうしよう?

悲しみや驚き、残念な気持ちなどにかかわる表現

あの実を食べた彼は、全身がゴムみたいに伸びるようになったあげく、いっさい泳げなくなってしまった。

動詞のタ形＋あげく／名詞＋のあげく

「〜した結果、最後に」という意味。いろいろあった後、残念な結果、好ましくない状況になった場合に使う表現。

「逃げちゃだめだ、逃げちゃだめだ」とふるえている場合ではないだろう。

動詞のテ形＋いる場合ではない

「〜している状況ではない」という意味。

あの洞窟には一度入ったが最後、戻れなくなるおそれがある。

動詞の辞書形＋おそれがある／名詞＋のおそれがある

「〜の可能性がある」という意味。悪いことが起きる可能性があるときに使う。

信じがたいことに、彼は海賊なのに泳げないらしい。

動詞のマス形＋がたい

「〜することが難しい／無理である」という意味。書き言葉で使う。

例文 普通の人ならできない大胆な手口も、彼女ならやりかねない。

 表現 動詞のマス形＋かねない

 解説 悪い結果やよくない事態が起こることを心配して、「～かもしれない／～という悪い結果になる可能性がある」という意味。マイナスのことに使う。

 例文 彼に出会ったが最後、誰もがそれまでの平穏な生活を一変させられる。

 表現 動詞のタ形＋が最後

 解説 「～したら必ず」という意味。会話では「～たら最後」ともいう。相手への脅しに使うほか、「そうなったら必ず～になってしまう」という恐れの気持ちをいうときにも使う。

 例文 バトルが始まるが早いか、最強のカードで攻撃された。

 表現 動詞の辞書形＋が早いか

 解説 「Aが早いかB」の形で、「Aが起きるのと、ほぼ同時にBが起きる」という意味。

 例文 チームの状態が悪いときは、指導者の手ではどうしようもないこともある。

 表現 動詞の普通形・イ形容詞の辞書形・ナ形容詞＋な＋こともある

 解説 「（条件・状況次第では）～という場合もある／いつもは違うが、～という場合もある」という意味。

これだけ戦況が悪ければ、さすがに撤退せざるをえない。

 動詞のナイ形＋ざるを得ない

 「～しなければならない」という意味。「する」のときは「せざるを得ない」、「来る」のときは「こざるを得ない」になる。「追いこまれて仕方なく」という気持ちを表現する言い方。

 大勢の敵に囲まれ、戦う武器もないとなれば、もう一人ではなすすべがない。

 動詞の辞書形＋すべがない

 「～する手段や方法がない」という意味。「なすすべがない」という慣用句でもよく使う。

 ロイはゲームをやめると言っているそばから、コントローラーを握った。

 動詞の辞書形＋そばから／動詞のタ形＋そばから

 「～するとすぐに」という意味。同じようなことがくり返されて、話し手のあきれる気持ちを表す。

練習問題3

問題1 次の文の（　）に入れるのに最もよいものを、1・2・3・4から一つ選びなさい。

① 楽しみにしていたライブだったが、熱が出てしまい、残念ながら、行くことを（　　　）。
　1　あきらめるのを禁じ得なかった　　2　あきらめるものではなかった
　3　あきらめざるを得なかった　　　　4　あきらめるにやまなかった

② 扉はがれきで塞がれ、窓も土にうまり、もはや（　　　）すべがない。
　1　脱出する　　　2　脱出している　　3　脱出せん　　4　脱出たる

③ いっぺんに2つのことをやっても、両方中途半端な結果に（　　　）。
　1　なるにこしたことはない　　　2　なりかねない
　3　ならんともない　　　　　　　4　なれない

④ 家に着く（　　　）早いか、雷鳴とともに大雨が降りだした。
　1　や　　　　2　を　　　　3　に　　　　4　が

⑤ さんざん（　　　）、彼との結婚はあきらめることにした。
　1　迷うにいたって　　2　迷ったあげく　　3　迷ったが最後　　4　迷ったかぎり

⑥ 明日の夕方、関東地方に台風が上陸（　　　）。
　1　するおそれがある　　2　しがちだ　　3　するはめになる　　4　するまでだ

⑦ （　　　）ことに、警察が証拠を捏造していたことが発覚した。
　1　信じてやまない　　2　信じるべき　　3　信じがたい　　4　信ずるにたる

問題2 次の文の＿★＿に入る最もよいものを、1・2・3・4から一つ選びなさい。

① この植物は乾燥した気候を好むため、＿＿＿＿　＿＿＿＿　＿★＿　＿＿＿＿。
　1　枯れてしまう　　2　水を　　3　こともある　　4　やりすぎると

② こんなことが社長の＿＿＿＿　＿＿＿＿　＿★＿　＿＿＿＿だろう。
　1　クビは　　2　耳に入った　　3　免れない　　4　が最後

③ ＿＿＿＿　＿＿★＿＿　＿＿＿＿、何、口をもぐもぐさせてるの？
　1　するって　　2　そばから　　3　言ってる　　4　ダイエット

④ 父が急死し、残された家族を養うため、＿＿＿＿　＿＿＿＿　＿★＿　＿＿＿＿。
　1　仕事　　2　場合　　3　ではなくなった　　4　を選んでいる

私たちの命ももし敵の軍勢に援軍が加わればそれまでだ。

 動詞のバ形＋それまでだ

 「（いくらそれまで努力しても、）もし～したら、それで最後だ／すべて無駄になる」という意味。

 名前が「月」であれ、「火星」であれ、彼女たちは皆美しい少女戦士だ。
たとえ自分の父であれ、掟とあらば、倒さねばならぬ。

 名詞＋であれ、名詞＋であれ／たとえ＋名詞＋であれ

 「Ａであれ、Ｂであれ」の形で、「ＡでもＢでも、どちらでも」という意味。後ろには、「それだからといって変わるわけではない」という内容がくる。「たとえ～であれ」の形で使うこともある。

 ロイは昼といわず夜といわず、アニメばかり観ているので困る。

 名詞＋といわず、名詞＋といわず

 「Ａといわず、Ｂといわず」の形で、「ＡもＢも区別なく、すべて」という意味。

 リサイタルと称し、あのガキ大将の音痴な歌を聞かされるなんて、迷惑といったらありゃしない。

 イ形容詞の辞書形・名詞＋といったらない／といったらありはしない

 「とても言い表すことができないほど～だ」という意味。程度が極端であることを強調して言いたいときの表現。「～といったらありはしない」は主に書き言葉でマイナスの意味の場合に使う。会話では「～といったらありゃしない」の形になることもある。

黒髪でメガネをかけた優等生ときた日には、気安く声をかけられない。

 名詞＋ときた日には

 悪い条件や出来事を並べた上で、そのような状態ではそうなってしまうのも仕方がない、という意味を表す。マイナスのことに使う。会話では「きた日にゃ」になることもある。

 このアイドルと結婚したいとテレビに向かって言ってみたところで、どうにもならない。

 動詞のタ形＋ところで

 後ろに、実現の可能性の低いことや、数や量、程度の少ないことがきて、「たとえそのようなことがあったとしても／そんなことをしてみても」という意味を表す。

 拙者としたことが、油断していたでござる。

 名詞【人】＋としたことが

 人を表す名詞について、「その人らしくない、〜ともあろうものが」という意味を表す。

 わらわに刃向うとは、命知らずなやつじゃ。

※わらわ：私

 動詞の普通形＋とは

 予想していなかったことをに接して驚いたときに使う表現。会話では「〜なんて」を使うことも多い。

 見た目は小柄な少女とはいえ、変身すると大変強くなるので侮(あなど)れない。

 動詞の普通形・イ形容詞の普通形＋とはいえ／ナ形容詞・ナ形容詞の普通形・名詞＋（だ）とはいえ

 「～（だ）けれども／しかし」という意味。前で言っていることから予想されることと、一部違うことを説明するときに使う。

 忍者の長(おさ)ともあろう人物が、お色気の術で失神するとは。

 名詞＋ともあろう＋名詞

 前の名詞部分には、社会的地位の高い職業、役割などを表す語がきて、「そのような立派な人なのに」という意味を表す。そのような立派な人にふさわしくない行動をしていることを述べるときに使う表現。

 前から歩いて来た人。少女かと思いきや、女性の服を着てメイクした美しい少年だった。

 動詞の普通形・名詞＋の・文＋（か）＋と思いきや

 「…だと予想していたのに、意外にも、それとは違う結果になった」という意味を表すときに使う表現。

 「おまえたち、私のあとについてきな」。彼女はそう言うなり部屋を出て行った。

 動詞の辞書形＋なり

 「～すると同時に／～するとすぐに」という意味。「～」の動作の後、予期しなかったことが起きる場合に使う。

練習問題 4

問題 1 次の文の（　）に入れるのに最もよいものを、1・2・3・4から一つ選びなさい。

① 試合前、まさか彼が優勝する（　　）、だれも想像していなかった。
　1　とは　　　　2　には　　　　3　では　　　　4　とも

② 確かな証拠もないのに、有罪だと決めつけられるなんて、くやしい（　　）。
　1　といったらない　2　とはいえまい　3　といえない　4　といってもみない

③ 市議会議員（　　）人が、コンビニで万引きをして捕まるなんて、情けない。
　1　ならではの　2　らしからぬ　3　とした　4　ともあろう

④ その子どもは、母親の顔を（　　）、泣き出した。
　1　見てなり　2　見たなり　3　見ているなり　4　見るなり

⑤ いくら一生懸命勉強しても、試験当日に熱を出してしまえば、（　　）。
　1　これまでだ　2　それまでだ　3　あれまでだ　4　どれまでだ

⑥ 今さら、「あれは間違いだった」と（　　）ところで、罰を逃れられるものではない。
　1　言ってみる　2　言ってみた　3　言っている　4　言っていた

⑦ 雨（　　）、雪（　　）、明日は大事な用事があるから出かけなくてはならない。
　1　であれ／であれ　2　といい／といい　3　ながら／ながら　4　なり／なり

問題 2 次の文の ★ に入る最もよいものを、1・2・3・4から一つ選びなさい。

① 専門家の調査委員が ＿＿＿ ＿＿＿ ★ ＿＿＿ おいそれと信じるわけにいかない。
　1　とはいえ　2　まとめた報告書　3　のだから　4　調査が杜撰だった

② 今場所も、横綱が ＿＿＿ ＿＿＿ ★ ＿＿＿ という、信じられないことが起きた。
　1　初日から　2　と思いきや　3　3連敗　4　優勝するか

③ 私と ＿＿＿ ＿＿＿ ★ ＿＿＿ とは恥ずかしい限りです。
　1　このような　2　したことが　3　失敗を　4　してしまう

④ 顔と ＿＿＿ ＿＿＿ ★ ＿＿＿ を力に刺されてしまい、かゆくて仕方ない。
　1　いわず　2　手　3　といわず　4　全身

⑤ 授業には ＿＿＿ ＿＿＿ ★ ＿＿＿ 進級できないのも当然だ。
　1　出ない　2　出さないと　3　きた日には　4　宿題も

例文 彼は敵に向かって「煮るなり焼くなり好きにしろ」と言った。

表現 動詞の辞書形・名詞＋なり、動詞の辞書形・名詞＋なり

解説 「AなりBなり」の形で、「AでもいいBでもいいから何でも」という意味を表す。

例文 あのねこ型ロボットが未来に帰るにいたって、ようやく、彼の存在の大きさを思い知った。

表現 動詞の辞書形・名詞＋にいたって

解説 「〜する段階になってやっと」という意味。

例文 最強の宇宙人が地球にやってくる。ことここにいたっては、あいつが修行から戻るのを待つしかない。

表現 名詞＋にいたっては

解説 「ことここにいたっては」という慣用表現で、「ここまで事態が悪くなったら」という意味。（悪い条件がいくつかあり、その中でも最悪の条件をいうときに使う表現でもある。）

例文 それ以上、力を消耗すれば、君の命にかかわるぞ。

表現 名詞＋にかかわる

解説 「〜に関係する／〜に影響する」という意味。

例文 ルイーゼにコスプレの趣味があるだろうことは想像にかたくない。

表現 名詞＋にかたくない

解説 「～することは簡単だ／容易に～できる」という意味。「想像にかたくない」「理解にかたくない」など、大変な状況だということが見なくてもわかるという意味で、慣用句として使われることが多い。

例文 ねこ型ロボットにしたところで、彼を本当に強い少年にできるわけではない。

表現 名詞【人】＋にしたところで

解説 人を表す名詞について、「その人の立場から見ても状況は…だ」という意味を表す。後ろには、マイナスの判断や事柄がくることが多い。会話では「～にしたって」ということもある。

例文 手足の自由を封じられ、動こうにも動けない。

表現 動詞の意向形＋にも＋動詞の可能形の否定形

解説 「～しようと思っても～できない／どうしても～できない」という意味。

例文 ロイは「ぼくは二次元の女にしか興味がないぜ！」と言ってのけた。

表現 動詞のテ形＋のける

解説 「人が言いにくいことをはっきりと言いきる」という意味。

| 例文 | 今回は布教用**はおろか**観賞用のDVDさえ買えなかった。 |

| 表現 | 名詞＋はおろか |

| 解説 | 「AはおろかBさえも…ない」のように、否定の表現と一緒に使うことが多い。「Aは当然のこととして、それよりも程度のはなはだしいBさえも」という意味。 |

| 例文 | ハンターの試験に合格したからといって喜んで**ばかりはいられない**。 |

| 表現 | 動詞のテ形＋ばかりはいられない |

| 解説 | 「〜だけしているわけにはいかない」という意味。「〜ばかりもいられない」の形でも使う。 |

| 例文 | お嬢様の大事な靴を、ちょっとした**はずみに**落としてしまった。 |

| 表現 | 動詞のタ形＋はずみに／名詞＋のはずみに |

| 解説 | 「〜したことによる勢いで、ついうっかり」という意味。予想しなかったことが起きたことを言う表現。「〜はずみで」ともいう。 |

| 例文 | いつも彼女のドタバタ騒ぎに付き合わされる**はめになる**。 |

| 表現 | 動詞の辞書形＋はめになる |

| 解説 | 「あることをきっかけに、〜という苦しい立場・状況になる」という意味。 |

練習問題5

問題1 次の文の（　　　）に入れるのに最もよいものを、1・2・3・4から一つ選びなさい。

① 電車を降りるとき、後ろから（　　）はずみで靴が脱げてしまった。
　1　押した　　　　2　押された　　　　3　押さされた　　　4　押される

② その女優は、「あの記者会見で泣いたのは演技です」と、平然と（　　）。
　1　言いかねた　　2　言いかった　　　3　言ってのけた　　4　言ってやまない

③ 落ちたひょうしにペンが壁とタンスの間にはさまってしまい、（　　）にも取れない。
　1　取ろう　　　　2　取り　　　　　　3　取らん　　　　　4　取る

④ 早起きして（　　）なり、会社帰りに喫茶店で（　　）なりして、時間を確保しなさい。
　1　勉強した　　　2　勉強する　　　　3　勉強している　　4　勉強しつつ

⑤ いいですか、これはあなたの将来（　　）重要な問題なんですよ。
　1　にかかわられる　2　にかかわせられる　3　にかかわれる　4　にかかわる

⑥ ことここに（　　）、もう警察に頼むしかないのではないか。
　1　いたるには　　2　いたっているには　3　いたっていたには　4　いたっては

⑦ 優勝を逃したからといって、泣いて（　　）。明日から気持ちを入れ替えて練習だ。
　1　いるものでもない　　　　　　　　2　ばかりもいられない
　3　みることもない　　　　　　　　　4　いるともかぎらない

問題2 次の文の　★　に入る最もよいものを、1・2・3・4から一つ選びなさい。

① 彼女は、＿＿＿　＿＿＿　★　＿＿＿　できなかった。
　1　のはおろか　　2　歩くこと　　　　3　走る　　　　　　4　さえ

② 彼女のやつれた顔をみれば、現場が　＿＿＿　＿＿＿　★　＿＿＿　。
　1　想像に　　　　2　いかに過酷な　　3　かたくない　　　4　状況だったのか

③ マンガ本を買いすぎて電車賃が　＿＿＿　＿＿＿　★　＿＿＿　なった。
　1　帰る　　　　　2　歩いて　　　　　3　はめに　　　　　4　なくなり

④ 裁判で　＿＿＿　＿＿＿　★　＿＿＿　自分の犯した罪の重さに気がついた。
　1　にいたって　　2　言い渡される　　3　ようやく　　　　4　極刑を

⑤ 彼に　＿＿＿　＿＿＿　★　＿＿＿　持っているわけではない。
　1　すべての問題を　2　解決できるような　3　秘策を　　　　4　したところで

例文 未来からのねこ型ロボットなんてマンガの世界のこと、ぼくのうちに来てほしいなど、望むべくもない。

表現 動詞の辞書形＋べくもない

解説 「～することはとてもできない」という意味。

例文 最善は尽くしてはみたものの、敵はさすが最終進化を遂げただけあって、まったく歯が立たなかった。

表現 動詞の普通形・イ形容詞の普通形・ナ形容詞＋な・名詞＋の＋ものの

解説 「～だけれでも、しかし～」という意味。前で述べたことから予想されることとは違うことが後ろにくる。

例文 大人しく言うことを聞いていれば、命だけは助けてやったものを。おろかな奴よ。

表現 動詞の普通形・イ形容詞の普通形＋ものを／ナ形容詞＋なものを／ナ形容詞＋だったものを

解説 「（もし）～であれば、問題が起きることはなかったのに」という意味。悪いことが起きた場合に使うことが多い。「～ものを」だけで、後ろを省略することもある。

例文 好きな時代劇が始まるやいなや、ピエールはテレビの前に正座した。

表現 動詞の辞書形＋やいなや

解説 「～すると同時に／～するとすぐに」という意味。

| 例文 | メイドやら猫耳やら萌えの世界を理解するのは大変である。 |

| 表現 | AやらBやら（A・B＝動詞の辞書形・イ形容詞の辞書形・ナ形容詞・名詞） |

| 解説 | いくつかの例を挙げて、同じようなことがいろいろあることを表す表現。「〜とか〜とか」という意味だが、「いろいろあって大変である」という意味を持つ。 |

| 例文 | あの忍者のラーメン好きは治しようがない。 |

| 表現 | 動詞のマス形＋〜ようがない |

| 解説 | 「どんなことをしても、〜することは不可能だ」という意味。 |

| 例文 | 僕は、死神に勧められるまま、そのノートに彼の名前を書いてしまった。 |

| 表現 | 動詞の受身形＋（ら）れるまま |

| 解説 | 「ほかの人の意志やすすめに従ってそのまま／言いなりになって」という意味。 |

| 例文 | 左脚を負傷し、必殺技を封印することを余儀なくされた。 |

| 表現 | 名詞＋を余儀なくされる |

| 解説 | 「仕方がなく、そうしなければならない状態になる」という意味。 |

☆練習問題6

問題1 次の文の（　）に入れるのに最もよいものを、1・2・3・4から一つ選びなさい。

[1] 口のうまい店員に（　　）まま、高いコースを契約してしまった。
　1　すすめさせる　　2　すすめられる　　3　すすめんが　　4　すすめた

[2] 授業が終わったあとも、作文の添削（　　）テストの採点（　　）があって、帰るのはいつも夕方になってしまう。
　1　やら・やら　　2　など・など　　3　たり・たり　　4　も・も

[3] 大雨で交通機関が大幅に乱れ、予定の変更（　　）余儀なくされる。
　1　に　　2　も　　3　を　　4　にて

問題2 次の文の＿★＿に入る最もよいものを、1・2・3・4から一つ選びなさい。

[1] ＿＿＿　＿＿＿　_★_　＿＿＿、なんで言ってしまったんだい？
　1　ばれなかった　　2　いれば　　3　黙って　　4　ものを

[2] 都会では ＿＿＿　＿＿＿　_★_　＿＿＿ 持つ家。
　1　贅沢な　　2　望む　　3　広さを　　4　べくもない

[3] そのニュースが ＿＿＿　＿＿＿　_★_　＿＿＿ いっせいに鳴りはじめた。
　1　放送される　　2　会社の　　3　電話が　　4　やいなや

[4] 部品が入手できなければ、修理する ＿＿＿　＿＿＿　_★_　＿＿＿ ない。
　1　直そうにも　　2　人　　3　直しようが　　4　だって

[5] 人気投票で、彼女は、＿＿＿　＿＿＿　_★_　＿＿＿ 獲得した。
　1　約2万票を　　2　なれなかった　　3　ものの　　4　1位には

敬語の時間 2

「謙譲表現」の問題をまとめました。謙譲語は、自分や自分の持ち物、動作、状態、自分に関係のある人などをへりくだって言うときに使う言葉・表現です。特別な表現を使うものが多いので、正しい形を覚えましょう。また、尊敬語と混同しないように気をつけましょう。

（　　　）の中から正しいものを選びなさい。

① 雨が降り出しましたね。恐れ入りますが、ちょっと傘を（a　お借りされてまいります　b　拝借いたします）。（「借ります」の謙譲表現）

② 社長のお宅に（a　まいられた　b　あがった）のは、入社してから初めてのことだ。（「行った」の謙譲表現）

③ アルバイト「突然ですが、明日、バイトを（a　休ませていただけないでしょうか　b　お休みいたすわけにまいらぬか）」（「休ませてくれませんか」の謙譲表現）

④ なぜ彼があの技を使えるのか、私どもに、（a　ご説明されたい　b　ご説明いただきたい）。（「説明してほしい」の謙譲表現）

⑤ この里に伝わる秘伝の術を、（a　ご教授承ります　b　ご教授願います）。（「教えてください」の謙譲表現）

⑥ 当店では要らなくなった本やCDの出張買取も（a　承っています　b　受けていただいています）。（「受けています」の謙譲表現）

⑦ お急ぎ便でしたら、明日（a　届くでございます　b　お届けできます）。（「届けられます」の謙譲表現）

⑧ 三本もの刀を同時に操る奴がいるなら、ぜひ（a　お目にかかりたい　b　お見えになりたい）ものだ。（「会いたい」の謙譲表現）

⑨ ジーヴスは絵を趣味にしているが、「（a　お目にいたす　b　お目にかける）ほどではありません」と言ってまったく見せてくれない。（「見せる」の謙譲表現）

⑩ 館長が「秘宝を（a　ご覧に入れましょう　b　お目にかかりましょう）」と言って、ショーケースから布を取ったら、そこには何もなかった。（「見せましょう」の謙譲表現）

⑪ ルイーゼ様は夕方にはお戻りになるかと（a　存じます　b　お伺いします）。（「思います」の謙譲表現）

⑫ お嬢様のご学友の方ですね。（a　お伺い知っております　b　存じ上げております）。こちらへどうぞ。（「知っています」の謙譲表現）

⑬ 私はおばあさまから、この古い指輪を（a　頂戴しました　b　承りました）。（「もらいました」の謙譲表現）

⑭ ご主人様、お部屋の掃除を（a　してまいりました　b　してさしあげました）。（「してきました」の謙譲表現）

読もう！ オタトピック！ 4

次の文を読んで、1から5の中に入る最もよいものを、1・2・3・4から一つ選びなさい。

　ある中国人漫画家が、青年漫画誌「月刊！スピリッツ」（小学館）2月26日発売号に、歴史ファンタジー「KILLIN―GI」（仮題）を発表する。「ドラえもん」や「ドラゴンボール」など、日本の漫画で育った世代の"逆輸入"。　1　「MANGA」が読み手だけでなく、描き手も国際化する先駆けとなりそうだ。

　L．DARTさん（25）＝本名・劉衝＝は、河北省生まれで上海在住の男性。小学生のころから日本の漫画に熱中し、大学時代に自分でも描き始めた。中国の漫画誌「龍漫少年星期天」に連載を持ち、読者アンケートで、同誌に翻訳掲載されている日本の人気漫画「名探偵コナン」より上位になった　2　。

　これに目を付けたのが小学館。上海に滞在していた同社社員が「中国人の有望漫画家10人」を選んで編集部に　3　、L．DARTさんに作品発表のチャンスが与えられることに。デスクの早川貴士さんがメールで日本漫画のノウハウを教え込みながら、1年以上をかけて制作した。

　早川さんは「日本漫画を　4　に驚いた。中国人らしさより、日本的"ノリ"を持つ作家を紹介したかった。中国の若者から、今後も新しい才能を見つけたい」と話す。

　掲載されるのは約60ページの読み切り作品。三国志の英雄の孫策を主人公にファンタジーの要素を盛り込んでいる。L．DARTさんは「自分にとって大きなチャンス。中国で三国志を描くと、まず史実に沿うことを求められるが、日本の編集では自由に　5　。日本の読者に楽しんでほしい」と笑顔を見せていた。〈後略〉

（『日本経済新聞』夕刊　2011年1月18日）

1
1　かつて世界語といわれた　　2　今や世界語となった
3　今さら世界語になりえない　4　今に世界語となる

2
1　こととする　　2　ことになる
3　ことだろう　　4　こともある

3
1　送ったにもかかわらず　2　送ったところ
3　送ったにせよ　　　　　4　送っても

4
1　あまり理解できていないこと　2　まったく理解していないこと
3　よく理解していること　　　　4　わずかに理解できること

5
1　発想できた　　2　発想された
3　発想しよう　　4　発想させられた

読もう！ オタトピック！ 5

次の文を読んで、1から5の中に入る最もよいものを、1・2・3・4から一つ選びなさい。

　世界に誇れる日本の文化の一つとなっている「まんが」だが、そのまんがを学問として教える大学が増えている。マンガ学部、マンガ学科、マンガ図書館——。設立当初は「アイデアと画力が勝負のまんが家が、大学で ❲ 1 ❳ 」と疑問視する声もあったが、デビューを果たす卒業生も出てきた。まんが家や編集者など、その道のベテランが若者を育てる教育が実を結びつつあるようだ。

　神戸市西区の神戸芸術工科大。2月中旬、教室では、学生たちが順番で、まんが雑誌の編集者に自分の作品を見せる。

　「だれにでも分かるストーリーにしないと」

　「アイデアは面白いんだけど、途中から普通になっちゃうねえ」

　1対1。口調は穏やかだが、厳しい指摘に ❲ 2 ❳ 学生も。

　先端芸術学部メディア表現学科でまんがを専攻する2年生向けの補講だ。1月から10誌以上の編集者がやって来た。まんが家として世に出る一つの方法に、「持ち込み」がある。出版社を訪れ、編集者に作品を見てもらう。 ❲ 3 ❳ 、デビューにつながるし、見込みがあればアドバイスを受けられる。補講はその訓練だ。編集者とのやりとりに慣れ、プロのアドバイスが受けられる。

　2年の橋本直人さん（20）は「自分が未熟なところは、ズバズバ言われるし、気づいていないことも ❲ 4 ❳ 。でも、あこがれの編集者に会えて感動したこともありました」。実践的な取り組みで、この春卒業するまんがを専攻した1期生20人のうち16人が新人賞を取ったり、編集者が付いたりしてデビューへの糸口をつかんだ。

　担当の大塚英志教授は「おまけみたいなものですが、まんががどう成立しているのかや、映画的な演出や物語とキャラクターの関係について徹底的に教え、 ❲ 5 ❳ 結果です」と話す。〈後略〉

（『朝日新聞』朝刊　2010年3月15日）

[1]
1　育てるつもりか　　　　2　育ててたまるか
3　育つつもりか　　　　　4　育てられるのか

[2]
1　涙ぐむ　　　　　　　　2　涙めく
3　涙がちの　　　　　　　4　涙気味の

[3]
1　認められんものなら　　2　認められれば
3　認められて以来　　　　4　認められるばかりか

[4]
1　指摘します　　　　　　2　指摘させられます
3　指摘されません　　　　4　指摘されます

[5]
1　つかもうとした　　　　2　つかんでもらった
3　つかんでやった　　　　4　つかませてやった

読もう！ オタトピック！ 6

次の文を読んで、1から5の中に入る最もよいものを、1・2・3・4から一つ選びなさい。

　本が売れないこの時代に、単行本の初版400万部　1　。海賊たちの冒険を描いた尾田栄一郎さんの漫画「ONE　PIECE（ワンピース）」。3日には最新の65巻が出る。この国民的コミックの人気の秘密に迫った。

　主人公は「海賊王になる」のが夢という少年、モンキー・D・ルフィ。悪魔の実を食べたため、全身が自在に伸びる「ゴム人間」だ。伝説の海賊王が残した「ひとつなぎの大秘宝（ワンピース）」を探し求め、剣術や航海、狙撃などの特技を持った仲間をつくりながら立ちはだかる敵と戦い、成長していく。〈中略〉

　「少年ジャンプ」の読者は小中学生が中心だが、「ワンピース」のファンはお父さん、お母さん世代　2　。紀伊国屋書店の調べによると、コミックの購買層の9割は19歳以上。特に20～40代の女性が4割を占める。編集部には「親子で楽しんでいる」という声も届く。「今年で連載15周年を迎えるのに、1巻から最新刊までの全巻が定期的に版を重ねている。こんな作品は極めてまれです」（集英社広報室）

　宝探し、仲間、旅……物語の骨格は一見、従来の漫画と変わらない。どこが違うのか。

　「SOSには"絶対に"応えるなど、仲間とのつながりを非常に大事にしている。さらに登場人物のセリフは強いメッセージ性を持ち、大人の鑑賞　3　。それらが、これまでの漫画とは異なるところですね」。そう語るのは「ルフィの仲間力」の著者で関西大教授（ネットワーク分析）の安田雪さん（48）だ。例えば、行動を共にしながらもなかなか心を開かなかった仲間が「助けて……」と涙を見せるシーンがある。それに対し、ルフィは「当たり前だ！」と叫ぶ。

　名ゼリフを集めた「ワンピース　ストロング・ワーズ」も出版され、思想家の内田樹さん（61）が〈二一世紀日本が生み出した一種の「聖書のようなもの」だと言っても決して誇張ではない〉と解説を寄せている。

　それだけではない。「仲間同士のつながり方も、状況に応じてリーダーが代わるフラットな関係。一致団結して頑張れとボスが言うような昭和の体育会系的メンタリティーとは、全く違うものです」と安田さん。

　　4　、メガヒットが生まれにくいご時世に、これほどの支持を得ているのはなぜな

のか。「『ワンピース世代』の反乱、『ガンダム世代』の憂鬱」の著者で経営コンサルタントの鈴木貴博さん（49）は「今は雇用、社会保障、安全など信じられていたものが崩れている時代。だからこそ困難に向き合いながらも自分を信じ、仲間を信じて、自信を持って前に進んでいく主人公たちの生きざまが人々の心に刺さっているのではないか」と分析する。

一方、安田さんは「こういう時こそ一緒に夢を見たり、何かを成し遂げる仲間が大切だと、誰もが切に感じている。この作品には、課題を解決するヒントがあり、上の世代が若い世代を理解するための『共通言語』　5　と話す。

さて、今からでも全巻制覇の「大航海」に出るべきか――。

（『毎日新聞』 夕刊　2012年2月1日）

1
1　とばかりに驚いた　　　　2　ともいえる驚きだ
3　というから驚きだ　　　　4　とはいえ驚かされる

2
1　にも広がっている　　　　2　には広がっている
3　にまで広げている　　　　4　までも広げている

3
1　には堪えられる　　　　　2　にも堪えられない
3　には堪えない　　　　　　4　にも堪えうる

4
1　そうまでして　　　　　　2　それにしても
3　それならば　　　　　　　4　そういうことなので

5
1　にするまでだ　　　　　　2　にするにたらない
3　にはなりえない　　　　　4　になりうる

マンガ家さんの声を聞いてみましょう　1

　漫画家、青山剛昌さん（49）の代表作「名探偵コナン」は、雑誌「週刊少年サンデー」で18年にわたり連載中の人気ミステリーです。ところが、企画が持ち上がった当初は「ミステリーは乗り気でなかった」そうです。創作意欲に火をつけたのは、小学生時代に出合った一冊の本でした。

　「ミステリーをお願いできませんか」
　漫画家生活８年目に入った平成５年、「週刊少年サンデー」編集部から新しい企画の依頼があった。
　ドキリとした。「大変じゃないか、と。トリックを考えるのも設定も」
　昭和61年、同誌掲載の「ちょっとまっててて」でデビュー。平成５年に「ＹＡＩＢＡ（やいば）」で小学館漫画賞（児童部門）を受賞した期待の漫画家だった。ライバル誌では、高校生探偵が活躍する「金田一少年の事件簿」が人気を博し、少年漫画にミステリーのジャンルが確立されつつあった時期だ。
　構想を練っていると、子供のころ好きだった推理小説を思い出した。イギリスのコナン・ドイル「シャーロック・ホームズ」、フランスのモーリス・ルブラン「アルセーヌ・ルパン」、そして日本の江戸川乱歩「少年探偵団」…。小学校の図書館で借りて、ドキドキしながら全巻を夢中になって読んだ。
　特に、ドイルの短編「踊る人形」では、名探偵ホームズが黒い人形の暗号を解く姿にしびれた。
　「子供の落書きみたいな人形の絵を見たホームズは、これはアルファベットの『Ｎ』だと暗号を解く。これがすごくかっこいい。もし、この本を読んでいなかったら、たぶんコナンは描いていなかった」
　暗号を解く高揚感が、漫画家魂に火をつけた。主人公の名は「江戸川コナン」。構想が決まると、一気に第１話を書き上げた。
　〈中略〉
　平成６年に連載が始まった「名探偵コナン」は、瞬く間に読者の心をとらえ、８年にはテレビアニメ化、９年からはアニメ映画化されてファンの裾野を広げ、「青山剛昌」の名を世間に知らしめた。

　一つのストーリーのために、トリックやヒント、犯人の動機、舞台設定などについて12時間以上も細かく打ち合わせするのは、心底、作品とミステリーを愛しているからだろう。古今東西のミステリー小説、ドラマ、映画、実在の生活や友人、知人の職業、すべてを参考資料として活用する。
　「話を考えるのも好きだし、絵を描くのも好き。好きなことを仕事にするのは本当に楽しい」
　一方で、「もし連載開始がバブルの時代なら18年も続かなかった」とも思う。その時代は次々と新しいものが求められた。バブル崩壊後の連載だからこそ「せっかく誕生した面白いものを長く続けないとやばいと思った」という。
　危機感は意図的に作り出す。毎年ゴールデンウイークに合わせて公開される映画では、常に「これが最後」と思い、全力投球する。
　人気に甘えず、常に緊張感を持って描き続けたことが、成功を引き寄せた。「いつかアニメの映画監督もしたい」。創作意欲はもちろん、旺盛なチャレンジ精神はまだまだ衰えない。

（『産経新聞』朝刊　2012年6月30日）

第3章

むかっ！いいかげんにして！

怒りや不快な気持ちなどにかかわる表現

例文 アニメファンである<u>以上</u>、日本語を学ばねばならない。

表現 名詞＋である以上（は）／動詞の普通形＋以上（は）

解説 「～だから、当然」という意味。責任をともなう行為を表す動詞などがきて、「そういうことになのだから、当然、責任や覚悟を持たなければならない」という意味を表す。

例文 仮面をつけたまま話をする、その態度<u>からして</u>気に入らない。

表現 名詞＋からして

解説 ①「～から判断して」という意味。②「～でさえそうなのだから、それ以外ももちろん」という意味。マイナスの判断を言うときに使う。

例文 いくらアニメが好きだ<u>からといって</u>、一日中見続けているのは目によくない。

表現 動詞の普通形・イ形容詞の普通形＋からといって／名詞・ナ形容詞＋だからといって

解説 後ろに否定の表現がきて、「いくら～という事情があっても、ただそれだけの理由で」という意味を表す。

例文 彼は世間知らずの坊やで、しばしば失礼<u>極まる</u>発言をする。
大金持ちの息子だけあって、彼の態度は不遜(ふそん)<u>極まりない</u>。

表現 ナ形容詞＋極まる／イ形容詞の辞書形＋こと極まりない／ナ形容詞＋（なこと）極まりない

解説 「この上なく～である／とても～だ」という意味。それ以上はないというほど極限に達している、という表現。「不愉快極まる」「危険極まりない」などの表現でよく使われる。

例文 この作品は、おもしろいことはおもしろいけど、大賞を受賞するほどではない。

表現 イ形容詞の辞書形＋ことは＋イ形容詞の辞書形／ナ形容詞＋なことは＋ナ形容詞／動詞の普通形＋ことは＋動詞の普通形

解説 「〜」には同じ言葉がきて、「一応〜／完全ではないけれどだいたい〜」という意味を表す。

例文 彼は、小さいころから悪事をくり返し、とうとう賞金首になるしまつだ。

表現 動詞の辞書形＋（という）しまつだ

解説 「〜という経緯があって、最終的に〜というよくない結果になった」という意味を表す。

例文 巨大な金魚と戦っただの、伝説のモグラを探しているだの、彼はうそばかり話している。

表現 名詞・ナ形容詞＋だの、名詞・ナ形容詞＋だの／動詞の普通形＋だの、動詞の普通形＋だの／イ形容詞の辞書形＋だの、イ形容詞の辞書形＋だの

解説 「〜とか…とか」という意味。マイナスのイメージのことを並べていうことが多い。

例文 君も男なら彼女のために聞き分けたまえ。

表現 動詞のマス形＋たまえ

解説 親しい人、または目下の人に対する、ゆるやかな命令をするときの表現。

例文 自分で自分を最強だと言う人が、実際に強かったためしがない。

表現 動詞のタ形＋ためしがない

解説 「これまで一度も～したことがない」という意味。非難の意味を表すことが多い。

例文 ぼんやりと見てないで、早く手伝ってってば。

表現 動詞の普通形＋ってば／動詞のテ形＋ってば／動詞のタ形＋ってば

解説 話し言葉で、話し手の主張を強調するときに使う表現。自分の主張が通らなかったりして、少しいらだっている気持ちが含まれる。

練習問題 7

問題1 次の文の（　　）に入れるのに最もよいものを、1・2・3・4から一つ選びなさい。

① 母親「いつまでもゲームばっかりしてて。宿題、やったの？」
子ども「うるさいなあ。あとでちゃんと（　　）。」
　1　やるってば　　2　やってたまるか　　3　やるまい　　4　やったでござる

② 彼は、今の会社は、休みが少ない（　　）上司がばか（　　）とぐちばかり言っている。
　1　でも・でも　　2　だの・だの　　3　や・や　　4　なら・なら

③ 早く席につき（　　）。
　1　まい　　2　がたい　　3　かねない　　4　たまえ

④ 彼はさんざん借金をしたあげく、子どもの貯金にまで手を（　　）。
　1　出すしまつだ　　2　出さんものだ　　3　出すばかりだ　　4　出すかぎりだ

問題2 次の文の ★ に入る最もよいものを、1・2・3・4から一つ選びなさい。

① ＿＿＿＿ ＿＿＿＿ ★ ＿＿＿＿ 、言っていいことと悪いことがある。
　1　いくら　　2　といって　　3　だから　　4　夫婦

② 約束 ＿＿＿＿ ＿＿＿＿ ★ ＿＿＿＿ のが当たり前だろう。
　1　期日に　　2　間に合わせる　　3　どんなことをしても　　4　した以上

③ もらった資料、ざっと ＿＿＿＿ ＿＿＿＿ ★ ＿＿＿＿ 、完璧には理解できなかった。
　1　ことは　　2　通したけど　　3　通した　　4　目を

④ あの店は ＿＿＿＿ ＿＿＿＿ ★ ＿＿＿＿ のだから、ほかの店員の態度が悪いのも当然だ。
　1　店長　　2　感じ　　3　が悪い　　4　からして

⑤ あの人の ＿＿＿＿ ＿＿＿＿ ★ ＿＿＿＿ がない。
　1　うまくいった　　2　いうことを　　3　ためし　　4　聞いて

⑥ 車の中に ＿＿＿＿ ＿＿＿＿ ★ ＿＿＿＿ 。
　1　極まりない　　2　残すなんて　　3　子どもだけ　　4　危険

例文 ロイは、靴下を脱ぎっぱなしにして、よく叱られている。

表現 動詞のマス形＋っぱなし

解説 「〜したまま」という意味。やるべきことをやらないで、そのまま放置しているという意味を表す。マイナスの意味に使うことが多い。

例文 アニメのキャラクターではあるまいし、たびたび「だってばよ」を言葉の最後につけるのは、大人としてどうかと思う。

表現 名詞＋ではあるまいし

解説 「〜ではないのだから、当然」という意味。

例文 滅ぼされた一族の敵(かたき)をとらないではおかない。

表現 動詞のナイ形＋ではおかない

解説 本人の意志や気持ちに関係なく、「必ず〜する」という意味。「ずにはおかない」とも言う。

例文 仲間全員を危険にさらすような真似をしたんだから、謝らないではすまないだろう。

表現 動詞のナイ形＋ではすまない

解説 「〜ないでは許されない／そのままにしておくことはできない」という意味。マイナスの意味を言うときに使うことが多い。「ずにはすまない」とも言う。

例文 彼氏とけんかをしたあと、ルイーゼは友人に「あんな男、恋人でもなんでもない」と毒づいた。

表現 ナ形容詞・名詞＋でもなんでもない

解説 「そうではない」という意味を強調していう表現。軽蔑や非難の気持ちを表すときに使うことが多い。

例文 大佐ときたら、「人がごみのようだ」なんて、失礼なことを言うんだよ。

表現 名詞＋ときたら

解説 ある人物や物事を取り上げて、「～について言えば」という意味。話し手の評価や感情などを述べる表現で、後ろにはマイナスの評価がくることが多い。

例文 「子供ならまだしも、大人なのにマンガばかり読んで」と親に叱られて、私は腹が立った。

表現 動詞の普通形＋の・イ形容詞の普通形＋の・ナ形容詞の普通形＋の・名詞＋ならまだしも

解説 「～についてはわからないが／～なら仕方ないが」という意味。「Aだったらまだ許されるが、Bだったら許されない」ということを言う場合の表現。

例文　「四天王」などと言われ、恐れられてはいるが、彼は単なる手下にすぎない。

表現　動詞の普通形・イ形容詞の普通形・ナ形容詞・名詞＋にすぎない

解説　「ただ〜だけだ」という意味。あまり重要ではない、ということを表す表現。

例文　「活発で人に好かれる妹にひきかえ、姉は地味でおとなしい」という設定がマンガではよくある。

表現　名詞＋にひきかえ

解説　「〜に比べて」という意味。対象的な２つのものを比べて、「〜とは反対に」という意味を表す。前者は優れているが、それに比べ後者は劣っているという意味を表すことが多い。

例文　全員で挑んだが彼にかすり傷ひとつ負わせることができないなんて、強すぎるにもほどがある。

表現　動詞の辞書形・動詞のナイ形・形容詞の辞書形・ナ形容詞・名詞＋にもほどがある

解説　「〜するのは〜すぎる／〜にも限度がある」という意味。後ろには不愉快な気持ち、許せない気持ちがくる。

練習問題 8

問題1 次の文の（　）に入れるのに最もよいものを、1・2・3・4から一つ選びなさい。

① 私は、単なる外部スタッフ（　　　）ので、経営に関する決定権はない。
　　1　による　　　　2　にすぎない　　　3　におよばない　　　4　にかねない

② 健康な上の子（　　　）、下の子は病弱で、年中、医者の世話になっている。
　　1　にもまして　　2　にひきかえ　　　3　にしても　　　　4　に応じて

③ あれだけ、はっきり約束してしまったのだから、今さら、できない（　　　）だろう。
　　1　ものではない　2　はずではない　　3　ではすまない　　4　ほどでもない

④ まったくうちの子（　　　）、サッカーに夢中で、ちっとも勉強しなくて困っちゃう。
　　1　としては　　　2　ときたら　　　　3　というもの　　　4　とあれば

⑤ あんなやつ、政治家（　　　）。ただ先生と呼ばれたいだけの小人物だ。
　　1　ではおかない　2　といったらない　3　にはおよばない　4　でもなんでもない

⑥ あんなひどいことをされたのだから、いつの日か、仕返し（　　　）。
　　1　させられないではおかない　　　　2　させないではおかない
　　3　されないではおかない　　　　　　4　しないではおかない

⑦ 安全性も確認できていないのに、再稼働とは、ふざけている（　　　）ほどがある。
　　1　まで　　　　　2　から　　　　　　3　より　　　　　　4　にも

問題2 次の文の★に入る最もよいものを、1・2・3・4から一つ選びなさい。

① 疲れていたため、気付いたら、＿＿＿　＿＿＿　★　＿＿＿。
　　1　いた　　　　　2　電気を　　　　　3　つけっぱなしで　　4　寝てしまって

② 小学生＿＿＿　＿＿＿　★　＿＿＿　は務まらない。
　　1　社会人　　　　2　ようでは　　　　3　ではあるまいし　　4　叱られてすぐ泣く

③ 素人＿＿＿　＿＿＿　★　＿＿＿　試合をしてどうする。
　　1　プロの選手　　2　情けない　　　　3　ならまだしも　　　4　がそんな

例文 少女マンガのヒロインは、がんばり屋で明るく少しドジである**べき**だ。

表現 動詞の辞書形＋べき／イ形容詞のク形＋あるべき／ナ形容詞・名詞＋であるべき

解説 「～するのが当然だ／～するのがもっともだ」という意味。自分の主張を述べるとき、相手への忠告、勧告、注意などをするときに使う。

例文 つまらないゲームショウに行くくらいなら、家で寝ていた**ほうがまし**だ。

表現 動詞の普通形・イ形容詞の辞書形・ナ形容詞＋な・名詞＋の＋ほうがまし

解説 「(話し手にとってマイナスのことを並べて) どちらか選ばないといけないとしたら～のほうがまだいい」という意味。

例文 僕の言うことが聞けないなら、嚙み殺す**までだ**。

表現 動詞の辞書形＋までだ

解説 「ほかに適当な方法がないのなら、最後の手段として～という方法をとるだけのことだ」という意味。「までのことだ」ともいう。

例文 殿堂入りはできない**までも**、ジムのバッジをすべて集めることくらいはできるはずだ。

表現 動詞のナイ形＋までも

解説 「(期待されるレベルには) 達しないけれども」という意味。「～」には満足と思われるレベルや到達点を示す言葉がくる。後ろには、そのレベルには達しなくても、最低限、満足できる程度、量、数などを表す内容がくる。

例文 師も師なら、弟子も弟子だ。

表現 名詞＋も＋名詞なら、名詞＋も＋名詞も

解説 「AもAなら、BもB」の形で、「AもBもどちらも問題がある」という意味を表す。AとBは「親と子」「夫と妻」など、セットになっている言葉がくることが多い。

例文 「呪ってやる」と書くべきところを、「祝ってやる」と書き間違えた人がいる。漢字はちゃんと覚えよう。

表現 動詞のテ形＋やる

解説 「（相手が嫌がること、怒ると思われること）をわざとする」という意味。

例文 周囲の心配をよそに、彼は立派なハンターになって帰ってきた。

表現 名詞＋をよそに

解説 「～とは関係なく」という意味。非難や心配、批判などをまったく気にせずに物事を進める様子を言う。

練習問題9

問題1 次の文の（　）に入れるのに最もよいものを、1・2・3・4から一つ選びなさい。

① おれの親友にひどいことしやがって。みてろ、必ず、（　　）。
　　1　謝られてやる　　2　謝らせてもらう　　3　謝らせてやる　　4　謝ってやる

② 会社があくまでも解雇は撤回しないと主張するのなら、裁判に訴える（　　）だ。
　　1　までのこと　　2　としたこと　　3　にしのびないこと　　4　ほどのこと

③ 一度失敗しても再チャレンジできるよう、もっとセーフティネットを（　　）。
　　1　整えるべきだ　　2　整えるものだ　　3　整えるかぎりだ　　4　整えるまでだ

問題2 次の文の　★　に入る最もよいものを、1・2・3・4から一つ選びなさい。

① 地域の　＿＿＿　＿＿＿　★　＿＿＿　始まった。
　　1　化学工場の　　2　建設が　　3　住民たちの　　4　心配をよそに

② 彼に　＿＿＿　＿＿＿　★　＿＿＿　だ。
　　1　ほうがまし　　2　くらいなら　　3　金を貸す　　4　ドブに捨てた

③ 電車の中で、＿＿＿　＿＿＿　★　＿＿＿　だ。
　　1　親も親　　2　好き勝手をしている　　3　子も子なら　　4　それを叱れない

④ ＿＿＿　＿＿＿　★　＿＿＿　は、プールに行って泳ごうと思う。
　　1　週に2～3回　　　　　　　2　毎日
　　3　せめて　　　　　　　　　4　とはいわないまでも

敬語の時間　3

漢字1字で尊敬、謙譲の意味を表すものをまとめました。慣用的に使われる表現が多いので、そのまま覚えましょう。尊敬表現に使われる漢字か、謙譲表現に使われる漢字か、しっかり区別しておくことが大切です。

（　　）の中から正しいものを選びなさい。

① 《 a　拙社　b　弊社 》は、アニメーションを制作する会社です。（「自分の会社」の謙譲表現）

② 《 a　弊校　b　貴校 》のテニス部の生徒さんは、皆、素晴らしいですね。とても中学生には見えません。（「相手の学校」の尊敬表現）

③ 先生、こちら、うちの《 a　愚妻　b　小妻 》ですが、よろしくお願いいたします。（「自分の妻」の謙譲表現）

④ 「詳しくは《 a　拙著　b　拝著 》を参照していただきたい」と日本の論文ではよく表記される。（「自分が書いた著作」の謙譲表現）

⑤ 「ご《 a　高配　b　尊配 》をたまわりありがとう存じます」。そう言って大佐は大総統に頭を下げた。（「相手の配慮」の尊敬表現）

⑥ 「《 a　尊文　b　小文 》に、ご高評たまわり、光栄の極みです」とジーヴスは恥ずかしげに言った。（「自分が書いた文」の謙譲表現）

⑦ 上様のご《 a　美顔　b　尊顔 》を拝することができたのは、孫の代までの自慢になるだろう。（「相手の顔」の尊敬表現）

⑧ 殿からのお手紙、確かに《 a　承受　b　拝受 》いたしました。（「受け取る」の謙譲表現）

読もう！ オタトピック！ 7

次の文を読んで、1から5の中に入る最もよいものを、1・2・3・4から一つ選びなさい。

　フランスで、日本のマンガが人気を呼んでいる。江戸時代の浮世絵がかつて同国の絵画に影響した「ジャポニズム」の再来　1　だ。その実態はどうなのか。パリの街を歩いて探った。

　先月16日から19日まで開かれたフランス最大の書籍見本市「サロン・デュ・リーブル」。岸本斉史『NARUTO（ナルト）』（集英社）のお面をつけて歩く子供が目立った。現地の版元がブースを出展し、サービス用に配ったのだ。
　集英社によると、同社の漫画で海外の売上額が最も大きいのはフランスだ。1995年頃から『ドラゴンボール』が人気を呼び、2002年から『NARUTO』を刊行開始。10年12月～翌年11月の出版部数は、『NARUTO』が122万部、『ONE PIECE』が142万部を　2　。
　名門ソルボンヌ大のそばには、ずばり「マンガカフェ」と名乗る店があった。06年に開業し、100平方メートルの店に1万2000冊　3　。利用料は1時間3～4ユーロ（300～400円）。
　利用者の男子学生は「忍者が出てくる『NARUTO』は、登場人物が魅力的で、アクション場面もたくさんある。『DEATH NOTE』は人間の生死を　4　」と話した。
　ポンピドゥ国立美術文化センターで5月27日まで開催中の青少年向けの行事「マンガプラネット」を手掛けるボリス・ティソさんは「ストーリーやキャラクター、風景を一つ絵の中に納める日本マンガは芸術的」と語る。
　市内の別の通りには日本のマンガやフィギュアを扱う専門店が並ぶ。亀仙人、プリキュア……。マンガの登場人物の衣装の店には、「cosplay（コスプレ）」の文字が踊る。
　一方、同国はBD（バンド・デシネ）というマンガの伝統がある。書店を歩くと個性的で　5　ものが多い。人間の性愛を極限まで探究したマルキ・ド・サドの小説が原作の作品。マルジャン・サトラピ『刺繍(ししゅう)』（邦訳は明石書店）は、イラン女性が恋愛と結婚を赤裸々に語る。
　華の都は、少年少女の心と大人の色香が漂っていた。

（『読売新聞』夕刊　2012年4月23日）

1
1　と言われるに過ぎないもの　　　2　とも言われるほど
3　とは言えないもの　　　　　　　4　と言ってはならないほど

2
1　数える　　　　　　　　　　　　2　数えている
3　数えられている　　　　　　　　4　数えさせる

3
1　が置いている　　　　　　　　　2　が置かせている
3　を置く　　　　　　　　　　　　4　を置かれる

4
1　考えさせた　　　　　　　　　　2　考えられた
3　考えていた　　　　　　　　　　4　考えさせられた

5
1　大人っぽい　　　　　　　　　　2　子どもっぽい
3　大人じみた　　　　　　　　　　4　子どもじみた

読もう！　オタトピック！　8

次の文を読んで、1から5の中に入る最もよいものを、1・2・3・4から一つ選びなさい。

　アニメを愛する気持ちに言葉や国は関係ない――。アニメの声優や歌手になる夢を追いかけて、都内で勉強を続けている中国人女性がいる。インターネットで自主制作の番組を流したり、DVDに声優［　1　］出演したりするなど日中両国で活動も始めている。母校の愛知文教大（小牧市）の学園祭で10日、凱旋(がいせん)ライブを開く。

　劉婧攀(りゅうせいらく)さん（24）は、北京生まれの北京育ち。北京外国語大学在学中の2006年に愛知文教大の交換留学生で来日し、1年間、日本文化などを学んだ。昨年の春に再び来日、東京の日本工学院専門学校の声優コースで学んでいる。

　「声優になりたい」。そう思ったのは幼稚園の時だったという。中国でも放送された日本のアニメ「聖闘士星矢（セイントセイヤ）」に［　2　］。マンガに出てくる女神アテナをまねて、扇子を振り回して遊んだ。留学中も深夜のアニメ番組は欠かさずチェックし、声の出し方などを覚えた。

　留学を終え、母国に戻ってから早速、活動を始めた。08年に中国版のアニメDVD「ケロロ軍曹」に声優で出演［　3　］、インターネットに動画の投稿を開始し、09年2月からはインターネットで「熊猫★ラジパン」という日本語の番組を自作で始めた。「パンダ氏」と名乗って1回15～20分の番組をつくる。「本場の味」「ちょっと歌っちゃうぞ～」「中国語授業じゃー！」などのコーナーがある。巧みな日本語で、日々の出来事をおちゃめに語ったり、アニメソングを歌ったりする。自室でノートパソコンを前に1人で［　4　］。

　昨春の再来日後もほぼ毎週更新し、約1年半［　5　］放送を続ける。昨年末には日本の大手メーカーのゲームソフトで中国人の役柄もこなした。

　インターネットで日本語放送を始めたころ、「中国人と名乗ったら、日本人からたたかれるんじゃないか」と周りから心配された。でも、始めると「歌うまいよ」「また聴きたい」。そんな書き込みが寄せられた。08年の四川大地震の際は、冷やかしもあったが、「中国がんばれ」というエールがたくさん書き込まれ、涙がこぼれた。

　来春専門学校を卒業し、東京の音響制作会社に就職する。「まだまだ未熟ですが、色々

なことに挑戦し、いつか、日本と中国の2カ国語で、同じアニメの同じ役の声優をしたい」と夢を語る。〈後略〉

(『朝日新聞』朝刊　2010年10月7日)

1
1　としたことが　　　　　　　2　とあれば
3　たるもの　　　　　　　　　4　として

2
1　魅せられた　　　　　　　　2　魅せた
3　魅せさせた　　　　　　　　4　魅せさせられた

3
1　したにもかかわらず　　　　2　しては
3　したのをはじめ　　　　　　4　したばかりに

4
1　すべてはこなせまい　　　　2　すべてをこなしている
3　すべてにこなされている　　4　すべてをこなすわけではない

5
1　にかかって　　　　　　　　2　にわたって
3　に及んで　　　　　　　　　4　に占めて

読もう! オタトピック! 9

次の文を読んで、1から5の中に入る最もよいものを、1・2・3・4から一つ選びなさい。

　アニメや漫画の登場人物に扮する「コスプレ」で、日本と中国の愛好者の交流が[　1　]。発祥地の日本に対し、中国のコスプレはダンスや演劇を交えるなど独自に"進化"。両国のファンはイベントやインターネットなどで競演、刺激し合う。その「懸け橋になりたい」と奔走するのは、日本への留学でコスプレに魅入られた中国人女性だ。

　今月13日、上海国際博覧会（上海万博）会場。日本の映画会社や民放などでつくる団体が現代の日本文化を紹介しようと催したイベントで、上海のコスプレサークル「青空之憶COSPLAY社団」の選抜メンバー10人が舞台に上がった。

　人気アニメ「美少女戦士セーラームーン」のコスプレ姿で、息の合った軽快なダンスを披露。約1500人の観客は大きな拍手と声援を送った。

　「1年以上かけて練り上げたパフォーマンスを披露できて感慨深い」。団長の宋希文さん（22）は[　2　]。メンバー80人超の大半が宋さんと同じ上海の大学生だ。

　会場で安堵の表情を[　3　]のが、コーディネーターの徐嫻さん（27）。日本の主催団体の依頼を受け、中国に数多くあるグループの中から青空之憶を選んだ。

　「衣装もかわいいし、中国らしいチームプレーがすばらしいから」というのが理由だ。

　徐さんがコスプレと出合ったのは中国で紹介され始めた1990年代後半。高校生のころだ。故郷の四川省成都市でコスプレ姿を見かけ、「なんてきれいなんだろう」と思った。

　その後、日本の大学に留学。周囲の愛好者に衣装の作り方やイベント情報を教わり、[4-a]側から[4-b]側に変わった。主婦となり、パフォーマーを卒業したころ、中国のコスプレに変化が訪れていることに気付いた。

　キャラクターになり切り、写真撮影などを楽しむ本家の日本に対し、中国ではアニメのシーンや主題歌も下敷きにして新たな脚本などを作り、演劇やダンスで独自の世界観を伝えるスタイルに進化していたのだ。

　徐さんは「自分は中国と日本でコスプレに触れた。日中の交流を進めよう」と決意。中国で話題になっているコスプレのパフォーマーらと連絡を取り、彼らの映像を日本の動画サイトなどで紹介し始めた。

　日本のファンからの反響は大きかった。「動きがすごい」「中国ではこんな形になってい

るとは」――。

　掲示板には多くの声が寄せられた。そのうち、徐さんには両国から「イベントに呼ぶグループを紹介して」といった依頼が相次ぐように。コーディネーター兼通訳としての活動が増えた。

　今、中国では政府主催も含め年間100回以上のコスプレ大会が開かれ、日本の有名パフォーマーが招待される。徐さんも日本からの十数組の招致にかかわった。逆に、日本で毎年開かれる「世界コスプレサミット」には中国のグループが出演、徐さんが引率する。

　こうした交流を背景に、日本でも中国流のパフォーマンスを取り入れるグループが現れたという。

　「コスプレを通じて日中の懸け橋になりたい」。徐さんは夢へ向かって　5　。

（『日本経済新聞』朝刊　2010年6月27日）

1
1　活発化している　　　　　2　流動化している
3　衰退化している　　　　　4　長期化している

2
1　満足がち　　　　　　　　2　満足っぽい
3　満足げ　　　　　　　　　4　満足め

3
1　浮かばれた　　　　　　　2　浮いていた
3　浮かべていた　　　　　　4　浮かんでいた

4
1　a　見る／　b　演じられる　　2　a　見る／　b　演じる
3　a　見られる／　b　演じる　　4　a　見られる／　b　演じられる

5
1　走り続くわけだ　　　　　　2　走り続けるにすぎない
3　走り続けるつもりだ　　　　4　走り続けるばかりだ

マンガ家さんの声を聞いてみましょう　2

　「いま世界で一番人気のある日本のマンガ」という「NARUTO」の9作目の映画が、7月28日から公開される。原作者の岸本斉史(まさし)(37)が初めて、本格的に企画やストーリー、キャラクターデザインを手がけた。「週刊少年ジャンプ」の連載が終盤を迎え、この時期に岸本自身が温めたアイデアを形にしておきたいと思ったという。

　NARUTOは、忍者学校で落ちこぼれだったうずまきナルトが、里一番の忍である「火影(ほかげ)」をめざし、数々の試練を乗り越えて成長していく物語。1999年に連載が始まり、単行本は現在計60巻。30以上の国・地域で翻訳・発売され、アニメも80以上で放送されている。

　映画に生かしたアイデアの一つは、ナルトの両親への気持ちを描くことだ。4代目火影だったナルトの父のミナトは、母クシナとともに幼いナルトの体に「九尾(きゅうび)の妖狐(ようこ)」を封印し、亡くなった。

　「NARUTOを描き始めた当時、僕自身は結婚もしていなくて、ナルトの設定を両親のいないキャラに簡単に決めてしまった。僕が家族を持つようになってくると、ナルトがちょっと可哀想になったというか」

　家族みんなで集まった時にナルトがどう幸せな感じになるのか。「両親と一緒にいる時間をこいつに味わわせたい」。映画ならできるアイデアと思った。

　ちなみに、NARUTOの最初の設定は妖術ものだったが、術の名前などがわかりにくいため、忍者に変更した。印を結ぶと「影分身」などの術が発動するという忍者のわかりやすさ。歌舞伎に出てくる架空の忍者「自来也(じらいや)」のイメージが元になったが、これが忍者好きの海外に受け入れられた大きな要因という。

　連載は「クライマックスに向けて盛り上がる」段階。終わらせ方は固まっており、あとは「そこに向かって突っ走っていくだけ」だという。

(『朝日新聞』夕刊　2012年6月23日)

第4章

ここ！ ここ！
ここが大事！

何かを強調するときの表現

例文 息子が長い旅に出てしまい、残された私としては心細いかぎりだ。

表現 イ形容詞の辞書形＋かぎりだ／ナ形容詞＋なかぎりだ／名詞＋のかぎりだ

解説 「とても〜だ／たいへん〜である」という意味。「〜」には、「残念」「うれしい」など、気持ちを表す言葉がくることが多い。

例文 彼が仲間になってからというもの、メンバーの雰囲気が明るくなった気がする。

表現 動詞のテ形＋からというもの

解説 「〜してからずっと」という意味。あることを境に大きな変化があって、そのことに驚く気持ちを表す。

例文 彼は「君と戦うくらいなら、ここで切られてもかまわない」と言って、剣を投げ捨てた。

表現 動詞の辞書形＋くらいなら

解説 「Aするよりも、Bするほうがずっといい」という意味を表す。Aには話し手にとって最低だと思っていることがきて、それに比べたらBのほうがよほどよい、ということを言うときの表現。

例文 暴れまわる半妖(はんよう)の少年の動きを止めることができるのは、彼女くらいのものだ。

表現 （…のは）＋名詞＋くらいのものだ

解説 「そんなことをするのは〜のような特別な人・場合だけだ」という意味。

第4章 ここ！ここ！ここが大事！

| 例文 | 敵は「おまえのごとき若造、ワシの敵ではない。ひねりつぶしてくれるわ」と言った。 |

| 表現 | 動詞の普通形・イ形容詞の普通形・ナ形容詞＋である・名詞＋である＋がごとき／ナ形容詞＋な・名詞＋の＋ごとき |

| 解説 | 「～のようだ」という意味。「ごとく」の形もある。人を表す語について、「～なんか」という、その人を軽視する言い方にも使う。 |

| 例文 | メガネを外した生徒会長の素顔は、可憐(かれん)なことこのうえない。 |

| 表現 | イ形容詞の辞書形＋ことこのうえない／ナ形容詞＋なことこのうえない |

| 解説 | 「それ以上の～なことはない／とても～だ」という意味。書き言葉で使うことが多い。 |

| 例文 | すでに死んだと思っていた兄が戻ってきたときには、うれしさのあまり抱きつかずにはいられなかった。 |

| 表現 | 動詞のナイ形＋ずにはいられない |

| 解説 | 「自分の意志に関係なく、自然とそうなってしまう」という意味。 |

| 例文 | 魔法を使うと変身できることは、親友にすら話せない秘密だ。 |

| 表現 | 名詞（＋助詞）＋すら |

| 解説 | 「～さえ／～も」の意味。極端な例を挙げて、「それでさえそうなのだから、ほかのものはもちろん」という意味を含む。 |

73

例文 「たとえこの試合で選手生命が絶たれても、全力を出しつくしたい」と彼は言った。

表現 たとえ＋動詞のテ形・イ形容詞のク形＋も／たとえ＋ナ形容詞・名詞＋でも

解説 極端な例を挙げて、「もし〜ということになったとしても」という意味。それでも考えや気持ちは変わらない、という意味を表す。

例文 婚約者が待っているのに、こんな所で力尽きてたまるか。

表現 動詞のテ形＋たまるか

解説 「（困難な状況に対して）〜わけにはいかない」という意味。悔しいので、そうするわけにはいかない、という気持ちを表す。

例文 少女の門番は「この先はなん人(びと)たりとも通さない」と言った。

表現 名詞＋たりとも／数字を表す言葉＋たりとも

解説 「〜であっても」を強調する表現。「一瞬」「一滴」など、「一」のつく数字を表す言葉と一緒に使うことが多い。

☆練習問題10

問題1 次の文の（　）に入れるのに最もよいものを、1・2・3・4から一つ選びなさい。

① 米農家の苦労を知ると、一粒（　　　）むだにはできない。
　　1　たりとも　　　2　のみならず　　　3　だけでなく　　　4　ともなく

② あの人に頭を下げて（　　　）、どんなに大変でもひとりでやります。
　　1　お願いするくらいなら　　　　　　2　お願いするにもかかわらず
　　3　お願いするとはいえ　　　　　　　4　お願いするものとして

③ 長いこと憧れていた人と話すことができるなんて、嬉しいこと（　　　）。
　　1　このうえない　　2　こしたことはない　　3　かたくない　　4　かぎりない

④ こんな理不尽な理由で解雇されるなんて納得できない。あきらめて（　　　）。
　　1　やるまい　　　2　やるか　　　3　たまるか　　　4　たまらない

⑤ たとえ、今すぐに結果が（　　　）、いつか必ず成功すると思うよ。
　　1　出ようとも　　2　出んがため　　3　出ながらも　　4　出なくても

⑥ 人気マンガの最新号がすべて揃えられているという看板を見たら、マンガ好きの私としては（　　　）。
　　1　入らずにはいられない　　　　　　2　入ったではすまない
　　3　入らないとも限らない　　　　　　4　入るものでもない

問題2 次の文の ★ に入る最もよいものを、1・2・3・4から一つ選びなさい。

① ＿＿＿＿　＿＿＿＿　★　＿＿＿＿　言われる筋合いはない。
　　1　そこまで　　　2　ごとき　　　3　卑怯者に　　　4　おまえの

② その治療は痛みを伴うので、＿＿＿＿　＿＿＿＿　★　＿＿＿＿　泣き言一つ言わない。
　　1　声を挙げる　　2　この子は　　3　大人ですら　　4　人が多いのに

③ 楽しみにしていたコンサートだったのに、ひどい ＿＿＿＿　＿＿＿＿　★　＿＿＿＿　だ。
　　1　行くことができず　　2　残念な　　3　風邪をひいて　　4　かぎり

④ こんなマイナーな映画を ＿＿＿＿　＿＿＿＿　★　＿＿＿＿　と思っていたら、満席だった。
　　1　のものだ　　2　のは　　3　見にいく　　4　私くらい

⑤ ＿＿＿＿　＿＿＿＿　★　＿＿＿＿　、本を読む時間がめっきり減ってしまった。
　　1　から　　　2　スマートフォン　　　3　を買って　　　4　というもの

例文 弁護士たる者、裁判でムジュンを次々に指摘できなければならない。

表現 名詞＋たる

解説 「～」には、社会的に高い立場や、他の規範となるべき職種を表す言葉がきて、「そのような立場にあるもの」という意味を表す。後ろには「者」がくることが多い。

例文 彼は妹のためとあれば、世界をも敵に回す。

表現 名詞＋とあれば

解説 「～のためなら、それは必要なことだとして認める」という意味。

例文 剣士といい、コックといい、この船には強い男が揃っている。

表現 名詞＋といい、名詞＋といい

解説 「～も～も」という意味。例を2つ取り上げて、ほかもそうであることを言う表現。プラスの意味にもマイナスの意味にも使う。

例文 ロイは、家中の壁という壁に萌えキャラのポスターをはっている。

表現 名詞＋という＋名詞（名詞には同じ言葉が入る）

解説 「壁という壁」「道という道」など、同じ言葉を使い、「すべての～」ということを強調する表現。

例文 このアニメは、国民のほとんどが見たことがある**と言っても過言ではない**。

表現 文＋と言っても過言ではない

解説 「～のように言っても、大げさではない」という意味。話し言葉では「～といっても言い過ぎではない」という表現を使うことが多い。

例文 マンガにはよく、第1巻**とはうってかわって**、第2巻がまるで別の作品のようにおもしろくなることがある。

表現 名詞＋と（は）うってかわって

解説 「その前までの状態・状況とはまったく違って」という意味。

例文 妹は行くな**とばかりに**、僕に抱きついた。

表現 文＋とばかりに

解説 「まるで～であるかのように／いかにも～であるといった様子で」という意味。

例文 メイド生活20年**ともなると**、立派なベテランである。

表現 動詞の普通形＋ともなると／名詞＋ともなると

解説 「～のような状況になった場合は」という意味。後ろには、「当然そうなるだろう」という判断を示す表現がくる。「～ともなれば」とも言う。

例文　角を曲がったところで、男の子とぶつかって恋に落ちない**ともかぎらない**から、いつも髪の毛はちゃんとセットしておこう。

表現　動詞のナイ形＋ともかぎらない

解説　「もしかしたら～かもしれない」という意味。可能性は低いかもしれないが、安心しないで、何か対策を立てたほうがよい、ということをいう場合に使う表現。

例文　努力**なくして**、アニメによく出てくる日本語の習得は難しい。

表現　名詞＋なくして（は）

解説　「～がなかったら」という意味。「もし～がなかったら、そのことをするのは難しいだろう」という意味を表す表現。話し言葉では「～がなかったら」を使う。

例文　みんなの協力**なしには**、あの敵を倒すことはできない。

表現　名詞＋なしに（は）

解説　「～がないと」という意味。「もし、～ということをしなかった場合は」という意味を表す表現。話し言葉では「～がないと」を使う。

練習問題11

問題1 次の文の（　）に入れるのに最もよいものを、1・2・3・4から一つ選びなさい。

① さすがに高校生の教科書（　　）、内容の難しいものが多くなってくる。
　　1　ともすると　　2　といえども　　3　というものの　　4　ともなると

② 今年のスイカは、天候に恵まれたおかげで、大きさ（　　）、甘さ（　　）、最高級のできだ。
　　1　といい・といい　　2　であれ・であれ　　3　なり・なり　　4　やら・やら

③ 電車が（　　）から、少し余裕を見て、8時に集合しよう。
　　1　遅れようともかぎらない　　2　遅れるにかぎりない
　　3　遅れないともかぎらない　　4　遅れるともかぎらない

④ 今、持っている金（　　）金を集めたとしても、私にはとても家など買うことはできない。
　　1　たる　　2　という　　3　たらん　　4　ともあろう

⑤ 彼の強さは、まさに死角なし（　　）過言ではない。
　　1　としても　　2　と言っても　　3　とは言わずとも　　4　と言っては

⑥ 国からの補助金（　　）、地域経済が成り立たないところが一番の問題だ。
　　1　なくしては　　2　ならずとも　　3　ながらも　　4　なきにしも

問題2 次の文の★に入る最もよいものを、1・2・3・4から一つ選びなさい。

① このアナウンサーは、＿＿＿　＿＿＿　★　＿＿＿　をするので、ファンには嫌がられている。
　　1　感動しろ　　2　ここで　　3　とばかりに　　4　過剰な解説

② 横綱　＿＿＿　＿＿＿　★　＿＿＿　、人一倍、稽古しなくてはならない。
　　1　他の力士の　　2　になるよう　　3　たる者　　4　手本

③ 昨日の　＿＿＿　＿＿＿　★　＿＿＿　、朝から太陽がさんさんと照っている。
　　1　今日は　　2　嵐のような　　3　うってかわって　　4　天気とは

④ あの男は、金のため　＿＿＿　＿＿＿　★　＿＿＿　思っていない。
　　1　なんとも　　2　人を不幸にする　　3　なんて　　4　とあれば

⑤ 法律で、本人の許可　＿＿＿　＿＿＿　★　＿＿＿　禁じられています。
　　1　電話番号を　　2　ことは　　3　お教えする　　4　なしに

| 例文 | 彼の名声は、東の海にとどまらず、世界中に広がっている。 |

| 表現 | 動詞の普通形・名詞＋にとどまらず |

| 解説 | 「～だけでなく、さらに」という意味。 |

| 例文 | 強い雨にもかかわらず、彼は傘もささずに、街中を走った。 |

| 表現 | 動詞の普通形・イ形容詞の普通形・名詞＋である＋にもかかわらず／ナ形容詞＋なのにもかかわらず |

| 解説 | 「～であるのに、それには関係なく」という意味。後ろには、予測していたのとは異なる結果がくることを言う表現。 |

| 例文 | 彼は足が痛いのなんのと言って、忍術の修行をさぼっている。（①）
彼の剣さばきときたら、刃の動きが見えないほどで、強いのなんの。（②） |

| 表現 | 動詞の普通形・イ形容詞の普通形＋のなんの |

| 解説 | ①「（対比的なよくない事柄を並べて）ああだ、こうだという」という意味。②「とても～だ」という意味。「～のなんのって」という形で使うこともある。くだけた会話で使う。 |

| 例文 | 君のことを思えばこそ、簡単に道具を出さないんだよ。 |

| 表現 | 動詞のバ形＋ばこそ／イ形容詞のバ形＋ばこそ／名詞・ナ形容詞＋であればこそ |

| 解説 | 「ほかでもない～という理由であるから」という意味。理由を強調するときの表現。 |

例文 彼の負けっぷりは、敵ながら、あっぱれだ。

表現 名詞＋ぶり／動詞のマス形＋ぶり

解説 「～の様子」という意味。「話しぶり（話す様子）」「活躍ぶり（活躍の様子）」などの表現でよく使われる。「～っぷり」は、その様子が豪快だったり、思い切りがよい感じがするときに使う。「食べっぷり（豪快に食べる様子）」「負けっぷり（思い切り負ける様子）」など。

例文 兄は自分の右腕を犠牲にしてまで、弟の魂を鎧（よろい）に定着させた。

表現 動詞のテ形＋まで

解説 「（マイナスの影響があることを覚悟した上で）あえて～するほど」という意味。

例文 彼は「必ずやこの宇宙を手に入れてみせる」と夜空に向かって叫んだ。

表現 動詞のテ形＋みせる

解説 「必ず～をやりとげる」という強い決意を表す。また、「（説明ややり方を）実際に～する」という意味を表すこともある。

例文 年末、朝10時に国際展示場になんか行ってみろ、お目当てのブースに行き着くまでに何時間かかるかわからない。

表現 動詞のテ形＋みろ

解説 後ろに予測される悪い結果がきて、「もし～をしたら、マイナスの結果になることが予測される」という意味。

例文 一緒に戦ってきた仲間が目の前で殺され、彼は人目**もかまわず**、号泣した。

表現 動詞の普通形＋の（に）もかまわず／名詞＋（に）もかまわず

解説 「～を気にしないで」という意味。「ところかまわず」「あたりかまわず」のように名詞に直接、接続する慣用的表現もある。

例文 彼は一生懸命、怪談を話してくれたが、僕には怖く**もなんともなか****った**。

表現 イ形容詞のク形＋もなんともない

解説 「まったく～ない／ぜんぜん～ない」という意味。強く否定するときに使う。

練習問題12

問題1 次の文の（　）に入れるのに最もよいものを、1・2・3・4から一つ選びなさい。

1 今回は、あいつに負けてしまったが、次の試合では必ず（　　）。
　　1　勝たれてみせる　　　　　　　2　勝たせてみせる
　　3　勝たせられてみせる　　　　　4　勝ってみせる

2 次から次へとお皿を平らげていく豪快な（　　）は、見ていて気持ちいい。
　　1　食べ具合　　2　食べ勝手　　3　食べざま　　4　食べっぷり

3 輸入小麦粉の値上がりは、パンの値上がり（　　）、外食産業にも大きな影響を与えそうだ。
　　1　にとどまらず　　2　においても　　3　にかぎって　　4　にひきかえ

問題2 次の文の　★　に入る最もよいものを、1・2・3・4から一つ選びなさい。

1 毎日、地道な＿＿＿＿＿＿＿＿　★　＿＿＿過ぎてもなお現役選手として活躍することができるのだ。
　　1　練習を　　2　こそ　　3　40歳を　　4　続ければ

2 このマンガ、もう＿＿＿＿＿＿＿＿　★　＿＿＿読んでみてよ。
　　1　なんのって　　2　と思って　　3　だまされた　　4　面白いの

3 彼は、右目が＿＿＿＿＿＿＿＿　★　＿＿＿、それを隠して土俵に立ち続けた。
　　1　にも　　2　ほとんど　　3　かかわらず　　4　見えない

4 夏休みの日曜＿＿＿＿＿＿＿＿　★　＿＿＿、とても泳ぐことなんてできないよ。
　　1　なんかに　　2　行って　　3　プールに　　4　みろ

5 家族＿＿＿＿＿＿＿＿　★　＿＿＿、ばかげている。
　　1　会社に尽くす　　2　してまで　　3　を犠牲に　　4　なんて

6 多くの＿＿＿＿＿＿＿＿　★　＿＿＿あげて泣いた。
　　1　彼は　　2　いるのもかまわず　　3　人が　　4　大声を

7 ＿＿＿＿＿＿＿＿　★　＿＿＿だが、2000万円もすると聞いて驚いた。
　　1　なんとも　　2　うまくも　　3　見える絵　　4　ないように

例文 彼女は「彼のハートを盗める**ものなら**盗みたい」と言いながら、ため息をついた。

表現 動詞の可能形・可能を表す動詞の辞書形＋ものなら

解説 「（実現できる可能性は低いが）もし～できるのなら」という意味を表す。

例文 この埋もれた名作が、再び評価される日が来ることを願って**やまない**。

表現 動詞のテ形＋やまない

解説 「ずっと～ている」という意味。感情を表す言葉について、その気持ちがずっと強く続いていることを表す。

例文 若さ**ゆえの**過ちというものは、誰しも認めたくないものだ。

表現 動詞の普通形・イ形容詞の普通形・ナ形容詞＋な・ナ形容詞＋である・ナ形容詞＋だった・名詞・名詞＋である（が）＋ゆえ（の）

解説 「～からの／～のための」という意味。

例文 人気のコスプレイヤーが登場すると、どこからともなく人が来る**わ**、来る**わ**。（①）

彼女ったら、彼に告白したもののあっさりふられ、泣く**わ**、わめく**わ**で、大変だった。（②）

表現 動詞の辞書形＋わ、動詞の辞書形＋わ

解説 ①同じ動詞を繰り返して、「（予想外に）たくさん～する／たくさんある」という意味。
②違う動詞を並べて、マイナスのことがいろいろと重なる様子を表す。

例文 これが最後の戦いだと知り、皆は涙を禁じ得なかった。

表現 名詞＋を禁じ得ない

解説 「〜」ということを抑えようとしても、どうしてもこらえることができない、そのように感じてしまう、という意味。「〜」には、「同情」「涙」「怒り」などの言葉がくることが多い。

例文 本日をもって特典付き前売り券の販売は終了する。（①）
異議なきときは沈黙をもって答えよ。（②）

表現 名詞＋をもって

解説 ①時間や期日などを表す言葉について、「〜を区切りとして」という意味を表す。②それ以外の言葉について、「〜によって」という意味を表す。会議や公式な場所で話し言葉として使うほか、書き言葉でも使う。

例文 今日を限りに、好きだったアニメを見るのをやめる。

表現 名詞＋を限りに

解説 時間や期日などを表す言葉について、「〜を最後にして」という意味を表す。「声を限りに」は「出せるだけの大きな声を出して」という意味の慣用表現。

例文 コスプレをした彼は、まるで自分は王様だとでも言わんばかりに振る舞った。

表現 動詞のナイ形＋んばかり

解説 「まるで〜しそうなほどの」という意味。「言わんばかり」という表現でよく使う。「まるで〜とでも言うような様子で」という意味。

練習問題13

問題1 次の文の（　）に入れるのに最もよいものを、1・2・3・4から一つ選びなさい。

① 月曜の朝から雨は降る（　　）、電車は遅れる（　　）で、疲れてしまった。
　　1　なり・なり　　　2　わ・わ　　　3　も・も　　　4　や・や

② 裁判は、7月に行われる原告の口頭弁論（　　）結審、判決は9月に出る見通しだ。
　　1　にかけて　　　2　をもって　　　3　にいたって　　　4　をもたれて

③ 高橋選手は、今シーズン（　　）現役を引退する、と発表した。
　　1　の限りに　　　2　に限って　　　3　を限って　　　4　を限りに

④ 彼女は、たぐいまれな（　　）、数奇な運命をたどることになった。
　　1　美しさとはいえ　　　2　美しさからして　　　3　美しさながらも　　　4　美しさゆえに

⑤ 久しぶりに部屋の片付けをしたら、ごみが（　　）、よくこんなにたくさんのものをためこんでいたものだと、われながらあきれてしまった。
　　1　出るも出るも　　　2　出たわ出たわ　　　3　出るや出るや　　　4　出るわ出るわ

⑥ 彼の演奏が終わった瞬間、会場からは（　　）拍手がわきおこった。
　　1　われんばかりの　　　　　　2　われたばかりの
　　3　わられんばかりの　　　　　4　わられるばかりの

⑦ 私が（　　）相撲は、今、人気が低迷していて、とても残念だ。
　　1　愛さざるを得ない　　　　　2　愛するにすぎない
　　3　愛してやまない　　　　　　4　愛して極まる

問題2 次の文の＿★＿に入る最もよいものを、1・2・3・4から一つ選びなさい。

① 企業再建のために巨額の税金がつぎ込まれているのに、社員の＿＿＿　＿＿＿　＿★＿　＿＿＿。
　　1　怒りを　　　2　上げるとは　　　3　禁じ得ない　　　4　給料を

② 願い　＿＿＿　＿＿＿　＿★＿　＿＿＿　からオーロラを見てみたい。
　　1　ものなら　　　　　　2　宇宙
　　3　がかなう　　　　　　4　一度でいいから

敬語の時間　4

「メイド喫茶」にロイが行ったことを想定した会話問題です。メイド喫茶とは、メイドの衣装を来た店員が給仕をしてくれる喫茶店のことです。喫茶店は客の「家」という想定で、多くの店ではメイドを演じる店員が「いらっしゃいませ」のかわりに、「お帰りなさいませ、ご主人様」と迎えてくれます。メイドは主人（客）に対して、丁寧な敬語を使います。

メイド喫茶での会話です。（　　）の中から正しいものを選びなさい。

メイド：お帰りなさいませ、ご主人様。お帰り、①（a　お待ちしておりました　b　お待たせしました）。ご主人様、おしぼり②（a　でございます　b　でござる）。ご注文がお決まりになりましたら、このベルで③（a　お呼びください　b　お呼ばれください）。

ロ　イ：ア、アイスコーヒーをください。

メイド：かしこまりました。

　　　　（数分後）

アイスコーヒーでございます。シロップ、私が④（a　入れておやりましょうか　b　お入れしましょうか）。

ロ　イ：お、お願いします。

メイド：かしこまりました。シロップ、⑤（a　かきまぜてさしあげますね　b　かきまぜてなさりましょうね）。ご主人様、お食事のご注文、お伺いいたします。

ロ　イ：オムレツを⑥（a　召し上がりたいです　b　いただけますか）。

メイド：かしこまりました。

　　　　（10分後…）

メイド：オムレツにお名前をお入れいたしますので、ご主人様のお名前、⑦（a　教えてさしあげてください　b　教えてくださいますか）。

ロ　イ：ぼく、ロイと⑧（a　申します　b　おっしゃいます）。

メイド：オムレツ、⑨（a　お気に召した　b　お気に召し上がった）でしょうか。

ロ　イ：はい、とってもおいしかったです！　また来ます！

メイド：記念写真をお撮りしますので、ステージまで⑩（a　まいられてください　b　おいでくださいませ）。

　　　　（数分後…）

ご主人様、そろそろ、⑪（a　お出かけなさいますか　b　お出かけいたすですか）。ご帰宅、⑫（a　お待ちになります　b　お待ちいたしております）。

読もう！　オタトピック！　10

次の文を読んで、1から5の中に入る最もよいものを、1・2・3・4から一つ選びなさい。

　5月23日の夕暮れ。東京・中野のアニメスタジオには、7人の男が新作の打ち合わせに集まっていた。

　主人公は、夢の舞台をめざす父子だ。父の指導は厳しく、時には、強力なバネを集めたギプスで上半身を鍛えていく。そして、ついに繰り出される魔球──。

　原作はもちろん野球漫画「巨人の星」。だが、舞台はインド最大の都市ムンバイで、星飛雄馬（ひゅうま）　1　インド人主人公「スーラジ」が挑むのは、現地で人気のクリケットだ。タイトルは「ライジングスター」。11月からインドで放映される。

　「インド産のジャパニメーション。　2　作品にしたい」。7人のうちの一人、小倉宏文監督が言う。制作は「巨人の星」のアニメ化を手がけたトムス・エンタテインメントと、インド企業が分担。日本で考えた展開をインドで映像化し、さらに日本側が工夫を加える新たな作り方に挑んでいる。

　これまでも、日本のアニメが、海外の風俗や規制に合わせて　3　。それが今、より積極的に「現地化」させる動きに変わってきている。

　アニメ最大手の東映アニメーションは2010年、「一休さん」を中国企業と共同制作すると発表。ほかにも複数の国で、現地でのアニメ制作を模索中だ。

　屋外イベントなど、日本で成功したファン拡大策の海外展開も始めた。海外ライセンス事業部の末吉恵介・業務室課長代理は「日本の作品　4　時代は終わった。今は作品ごと、国ごとにきめ細かい対応が必要だ」と話す。

　日本アニメの強みの一つは、手塚治虫の「鉄腕アトム」以降、多くの作品で積み上げられた制作ノウハウ。しかし少子化が進む国内では、子ども向けアニメを作る費用も時間も　5-a　傾向にある。ライジングスターの小倉監督が言う。「日本のノウハウを海外に出せば、ライバルが　5-b　。でも、国内には頭打ち感がある。商売にならないと、先には進めないんです」〈後略〉

（『朝日新聞』朝刊　2012年6月3日）

1
1　ならねど　　　　　　　　　2　ならない
3　ならぬ　　　　　　　　　　4　ならず

2
1　ビックリしたような　　　　　2　ビックリするような
3　ビックリさせたような　　　　4　ビックリさせられたような

3
1　改変されることはあった　　　2　改変させたことはあった
3　改変させることはなかった　　4　改変させたことはなかった

4
1　というだけでは売れない　　　2　というだけで売る
3　というだけで売らない　　　　4　というだけで売れる

5
1　a　増やされる／b　増える　　2　a　増やされる／b　減る
3　a　減らされる／b　増える　　4　a　減らされる／b　減る

読もう！ オタトピック！ 11

次の文を読んで、1から5の中に入る最もよいものを、1・2・3・4から一つ選びなさい。

　「チャイナ・クロッシング」という言葉がある。中国の昨年の国内総生産（GDP）が日本を追い抜いて世界2位になったように、12億人超の人口を擁する中国が経済などで他の先進国を ☐1☐ を指す。こうした現象が、日本文化の顔とも称されるアニメやマンガなどのサブカルチャー分野でも起きているという。

　「中国のアニメ市場は、2008年で1兆5千億円と日本の2倍以上。アニメの生産量も世界一になっている」

　北京外国語大と神戸大が今月、北京で開いたシンポジウム「現代日本サブカルチャーをめぐる現代中国との対話」で、油井清光・神戸大教授はそう指摘した。今春に杭州であったアニメ・マンガフェスティバルには160万人が集まり、「自然発生的なエネルギーを感じた」と話す。

　油井教授によると、中国では1979年に「鉄腕アトム」がテレビ放送されて以降、日本のアニメが多数放送され、特に「バーリンホウ（80后）」と呼ばれる80年代生まれの若い世代を中心にサブカルが浸透。政府もアニメ産業の育成を国策として進めた結果、2000年代にはアニメ生産量が爆発的に伸び、日本を逆転した。

　しかし一方で、日本のマンガやアニメの人気は依然として高く、日本のサブカルファンは2億8千万人に ☐2☐ 推定もある。近年は日本の大手出版社も中国での漫画誌創刊に ☐3☐ ブームの様相だ。その波は日本研究の分野にも押し寄せ、「若手の多くはアニメやマンガから研究に入ってくる」（郭連友・北京外語大教授）という。

　秦剛・北京外語大副教授の報告は、そのことを強く実感させるものった。

　秦副教授は日本の漫画やアニメの独自性として核と原子力に着目。原爆体験を描いた「はだしのゲン」、原子力を動力源とする「鉄腕アトム」などのロボットアニメ、敗戦体験と冷戦時代の放射能恐怖を映す「宇宙戦艦ヤマト」、人間文明の歴史の中で核を考えるジブリアニメに分類した。「核体験が生み出した文化的蓄積が ☐4☐ 原発事故が避けられなかったのは痛恨の ☐5☐ だろう。核時代を生きてきた戦後日本の精神史をマンガ、アニメを通じて、改めて検証しなければならない」と話したという。

　油井教授らは今後、中国などで大規模なアンケートを行い、どのような意識で日本のサ

ブカルが受容されているかを探る。

　中国のアニメ生産の現場では、中国人デザイナーらが日本のマンガやアニメの影響を受け、創造の腕を磨く。日中の研究者によるサブカルという切り口での研究が、新たな日中関係や、従来の研究にない日本像を浮かび上がらせていくことを期待したい。

（『朝日新聞』夕刊　2011年9月26日）

[1]
1　逆転しがちなこと　　　　2　逆転しなくもないこと
3　逆転しつつあること　　　4　逆転しかねること

[2]
1　及ぶとか　　　　　　　　2　及ぶとの
3　及ぶとも　　　　　　　　4　及ぶとて

[3]
1　乗り出そうと　　　　　　2　乗り出したとて
3　乗り出すなど　　　　　　4　乗り出さんと

[4]
1　あったので　　　　　　　2　あったとしても
3　あったからには　　　　　4　あったのに

[5]
1　果て　　　　　　　　　　2　限り
3　至り　　　　　　　　　　4　極み

読もう！ オタトピック！ 12

次の文を読んで、1から5の中に入る最もよいものを、1・2・3・4から一つ選びなさい。

　昨年末、タイの首都バンコク中心部。カフェの外にまであふれた若者らの中心で男性が自作アニメに合わせギターを演奏する。人気漫画家、ウィスット・ポンニミット（35）を囲むイベント。カメラや携帯電話を構えた観客が熱視線を送る。

　日本漫画を読んで育ったウィスットは「感動やときめき、人の繊細な気持ちがマンガには丁寧に　1　」。欧米文化にはない魅力を感じて日本に留学。磨いた腕で母国でベストセラーを連発し、日本語版の出版も始まった。

　ベトナムの首都ハノイ。二輪車がひしめく中心街に東京・渋谷のギャル風ファッションを扱う店「Mess」がある。ホアン・ベト・ガー（29）が留学中に目にした日本の服に「かわいい」と衝撃を受け、自国で開いた。

　ファッションビル「SHIBUYA109」で働いた経験から接客も日本仕様に。「ベトナムの女の子にもおしゃれを楽しんでほしい」

　子どもや若者が豊かさを享受した日本で育った現代文化。その磁力に引かれた欧米やアジアの若者らが　2-a　でそれぞれの「　2-b　文化」を作り、発信する。ファンがファンを呼び、日本が広がる。

　パリで年1回開く日本の文化展「ジャパンエキスポ」。来場者は年々増え昨年は19万人を超えた。〈中略〉

　京都の妙心寺退蔵院にはハーバード大など米国の名門校の学生が団体で訪れる。目的は副住職の松山大耕（33）が英語で行う体験コース。座禅を組み、毛筆を走らせ、精進料理や抹茶を味わう。「日本の価値を五感で　3　、世界で日本のファンを増やしたい」と松山は言う。

　インターネットや人脈を通じC世代（注）が国境を　4　、日本の伝統に光を当てる。

　「声をそろえて、せーの」。学生らが棟木を組み合わせる。大工や庭師を育成する専門学校、職芸学院（富山市）の授業風景だ。木づちを手にした木下芹香は大工を目指す19歳。

「クギを使わず木組みで作る日本建築は美しい」と職人の世界に飛び込んだ。

　実習中心に伝統技能を学べる学校は珍しい。口コミなどで存在を知った豪州、イスラエル、中国、アルゼンチンなどの留学生が門をたたいた。

　外国人が日本文化を評価し、その影響もあって国内でも日本の価値が再発見される。そんな循環が　　5　　。〈後略〉

（『日本経済新聞』朝刊　2012年1月10日）

〈注〉C世代＝コンピューター（Computer）の傍らに育ち、ネットで知人とつながり（Connected）、コミュニティー（Community）を重視する。変化（Change）をいとわず、自分流を編み出す（Create）世代のこと。

1
1　表現していた　　　　　　　　2　表現させられている
3　表現している　　　　　　　　4　表現されている

2
1　a　自国／b　日本　　　　　2　a　自国／b　自国
3　a　日本／b　自国　　　　　4　a　日本／b　日本

3
1　体験させてもらい　　　　　　2　体験してもらい
3　体験されてやり　　　　　　　4　体験してやり

4
1　越えてつながり　　　　　　　2　越えぬままつながれず
3　越えられぬままにつながり　　4　越えてもつながれず

5
1　生まれんばかりだ　　　　　　2　生まれかけるといったところだ
3　生まれつつある　　　　　　　4　生まれずにはいられない

マンガ家さんの声を聞いてみましょう　3

　「月刊少年ガンガン」で連載され、単行本の発行部数が計4200万部に達している人気マンガ「鋼の錬金術師」(スクウェア・エニックス)が、同誌7月号で最終話を迎えた。生命倫理や紛争の問題を描いたと評価される作品だ。作者の荒川弘さんは9年にわたる連載で、「生きるとは何か」を考えてきたという。結末は「自分なりに見つけた答え」になった。

　「何かを得るためには、応分の代価が必要になる」。"錬金術"は、そんな「等価交換」の原則から成り立つ。主人公は錬金術師の少年エドと、彼の弟アル。2人は母を錬金術でよみがえらせようとし、結果、エドは右腕と左足を、アルは体全部を失う。

　機械の義肢になったエドと、空っぽの鎧に魂を宿すアル。2人は元の体に戻るため国軍に加わり、旅を続ける。

　物語の冒頭に荒川さんは、人とは何かという問いを置いた。利己心のため娘を実験台にする錬金術師・タッカー。主人公であるエドとアルも、娘の命を救えない。

　「人間の罪を提示したかった」と荒川さん。「人は性善、性悪のどちらでもなく、両方が交じる。力の使い方を誤ればこうなる、と」

　軍に制圧された民族の男・スカー。そして、スカーに両親を殺されたウィンリィ。力の行使による「復讐の連鎖」は、イスラエルとパレスチナの民族対立も連想させる。

　迫害や復讐の連鎖は断ち切れるか。荒川さんはスカーの師にこう語らせた。「理不尽な出来事を許してはいかん。だが、堪えねばならぬ」

　同志を殺害された軍の大佐・マスタングも、復讐心に燃える登場人物だった。「最初は彼が復讐を成し遂げ、敵をすごいやり方で殺すと構想していました」。だが下書きを進めるうち、「周りの登場人物たちが止めに入ってきた」という。「作者がキャラクターに動かされました」

　「鋼の錬金術師」は、以前作られたアニメ版が独自の展開で物語をしめくくったことから、原作マンガのラストはどうなるのかと話題を呼んでいた。

　最終話。荒川さんは「何を代価に体を取り戻すのかを決めかねていた」と話す。体の代価は「命」という設定。ならば、2人の父を犠牲にするのか、人命から作られる「賢者の石」を使うのか……。だが他者の命を利用する解決法は、2人の生き方が許さなくなっていた。

　「主人公が得たものは何かから考えていったとき、要らないものがあることに気付いた」と荒川さん。「主人公のアイデンティティーと呼べるものでした。存在意義を代価にしたということです」

　仲間から10を得たら、それを11にして誰かに渡す。「等価交換を否定する新しい法則」と呼ばれるもう一つの生き方が、結末に提示された。〈後略〉

(『朝日新聞』夕刊　2010年6月18日)

第 5 章

ひとことでは言えません！

その他の表現

例文 この試合の結果いかんでは、野球部が廃部になるかもしれない。

表現 名詞＋いかんで（は）

解説 「～の条件や状態次第で」という意味。

例文 彼は今でこそ温和な人だが、もともとは鬼教官として有名であった。

表現 今でこそ＋名詞＋だが、もともとは…

解説 「(出世したり成長したりした人に関して) 今はとても～であるが、昔は…」という意味。今と昔を比較している言い方。

例文 結婚の報告かたがた、彼女と一緒にお墓参りに行った。

表現 名詞＋かたがた

解説 「～を兼ねて」という意味。「～」には「お見舞い」「散歩」「お礼」など決まった言葉がきて、手紙や書き言葉、あらたまった会話で使われる。普通の話し言葉では「～がてら」を使うこともある。

例文 彼は生徒会の活動をするかたわら、部活でも素晴らしい結果を出している。

表現 動詞の辞書形＋かたわら／名詞＋のかたわら

解説 「～の一方で／～のほかに」という意味。本業の活動以外に、ほかの活動を両立させている場合に使う。

| 例文 | 機械の鎧(よろい)の修理がてら、アップルパイをごちそうになった。 |

| 表現 | 動詞のマス形＋がてら／名詞＋がてら |

| 解説 | 「～のついでに／～を兼ねて」という意味。「～かたがた」とほぼ同じ意味だが、話し言葉で使われることが多い。 |

| 例文 | 必ずしも真実は一つとは限らないのではないか。 |

| 表現 | 必ずしも＋文＋ない |

| 解説 | 「Aであるから、いつもBであるというわけではない」という意味を表す。 |

| 例文 | ロイは、昨夜から今朝にかけて、ずっとゲームをしている。 |

| 表現 | 名詞＋から＋名詞＋にかけて |

| 解説 | 時間や場所を表す名詞について「2つの間」について言う場合に使う表現。 |

| 例文 | 「字幕なしで日本のアニメが見られるようになったことだし、日本語能力試験を受けてみたらどうだい」と先生にすすめられた。 |

| 表現 | 動詞の普通形・イ形容詞の普通形＋ことだし／ナ形容詞＋なことだし／名詞＋であることだし |

| 解説 | 「～という状況だから」という意味。判断や決断の理由を示す表現。 |

例文 いろいろ言い訳はあると思いますが、1か月の出場停止を命ずる<u>こととします</u>。

表現 動詞の普通形＋こととする

解説 「～ということに決定する／～と判断する」という意味。規則や法律などを示す文に使われることが多い。会話では「～ことにする」を使うこともある。

例文 ロイはアニメを見る以外に<u>これといって</u>趣味が<u>ない</u>。

表現 これといって～ない

解説 後ろに否定の言葉がきて、「特に～ということはない」という意味。

例文 きざなキャラクターは「大丈夫<u>かい</u>？」などと言って登場する。(①)
「おまえさんはいくら金を出せるん<u>だい</u>？」とその医者は言った。(②)

表現 ①疑問の表現＋かい／②疑問の表現＋だい

解説 「～ますか／～ですか」の意味。相手に対する問いかけで、主に男性が会話で使うことが多い。

例文 迷子の妹が見つけられないなら、森の主に頼む<u>だけのことだ</u>。(①)
自分が信じる自分を信じる<u>だけのことだ</u>。(②)

表現 動詞の普通形＋だけのことだ

解説 ①「～以外の方法はない」という意味。②「ただ～すればいい」という意味。そんなにたいしたことではない、という意味を持つ。

練習問題14

問題1 次の文の（　　）に入れるのに最もよいものを、1・2・3・4から一つ選びなさい。

① 本当に遠慮しないで、遊び（　　）、気軽に寄ってください。
　　1　がてら　　　　2　ながらに　　　3　かたわら　　　4　を機に

② 明日の天候（　　）、予定は延期になることもありうる。
　　1　ならでは　　　2　に及ばず　　　3　いかんでは　　4　はおろか

③ 先週末は出張（　　）足を伸ばして温泉に行ってきた。
　　1　かたがた　　　2　だてらに　　　3　ながらも　　　4　なりに

④ ふらりと美術館に入ってみたが（　　）興味を引く作品はなかった。
　　1　どれかという　2　それとなしに　3　どれともなく　4　これといって

⑤ 彼は出版社に勤務する（　　）、小説家としても活躍している。
　　1　かたわら　　　2　はおろか　　　3　いかんでは　　4　かたがた

⑥ もし彼に協力を断られたら、他の協力者を探す（　　）。
　　1　までもない　　2　とは限らない　3　だけのことだ　4　ばかりだ

問題2 次の文の　★　に入る最もよいものを、1・2・3・4から一つ選びなさい。

① 何かにかぶれたのか、肩　＿＿＿　＿＿＿　★　＿＿＿　が出てしまった。
　　1　背中　　　　　2　にかけて　　　3　赤い湿疹　　　4　から

② すごく精巧なフィギュアだね。いったい　＿＿＿　＿＿＿　★　＿＿＿　？
　　1　つくった　　　2　これは　　　　3　んだい　　　　4　だれが

③ 偏差値の高い大学を卒業しているからといって、＿＿＿　＿＿＿　★　＿＿＿。
　　1　とは　　　　　2　必ずしも　　　3　限らない　　　4　仕事ができる

④ 理事会の決定により、乱闘騒ぎを起こした学生には、＿＿＿　＿＿＿　★　＿＿＿。
　　1　自宅謹慎を　　2　1週間の　　　3　とする　　　　4　命ずること

⑤ 作業も　＿＿＿　＿＿＿　★　＿＿＿。
　　1　引き上げること　2　終わったこと　3　だし　　　　　4　にしよう

⑥ 彼女は、今でこそ　＿＿＿　＿＿＿　★　＿＿＿　アルバイト店員だった。
　　1　もともとは　　2　だが　　　　　3　コンビニの　　4　トップアイドル

| 例文 | ゲームにかける お金は、月に2～3万円といったところだ。 |

| 表現 | 動詞の辞書形・名詞・文＋といったところだ |

| 解説 | 「だいたい～という状況だ」という意味。「～というところだ」も使う。 |

| 例文 | 「お楽しみのところを申し訳ないが、遊びの時間はここまでだ」と、大佐は言った。 |

| 表現 | 動詞の普通形・イ形容詞の普通形・ナ形容詞＋な・名詞＋の＋ところ（を） |

| 解説 | 「～という状況なのに」という意味。相手が何かしている途中に、それを中断させたり迷惑をかけたりするときに前置きの言葉として使う。後ろには依頼やお詫びなどの表現がくる。 |

| 例文 | ヒーロー戦隊ものはたいてい、赤をリーダーとして戦隊を組んでいる。 |

| 表現 | 名詞＋として |

| 解説 | 立場や役職、資格などを表す名詞について、「～という立場で」という意味。 |

| 例文 | ルイーゼが、アニメについてアツく語るのを僕は聞くともなく聞いていた。 |

| 表現 | 動詞の辞書形＋ともなく |

| 解説 | 「特に～ということもなく」という意味。「見る」「聞く」など、人の意志を表す言葉について、意識しないで、その行為をしている様子を表す。 |

例文 彼はもう一度バスケがしたいと、涙ながらに訴えた。

表現 動詞のマス形・名詞＋ながらに（の）

解説 「～のままの状態で」という意味。「涙ながらに」「生きながらに」「昔ながらの」など、慣用的な表現が多い。

例文 「私だって、たまには普通の女の子なみにおしゃれをしてみたい」と、彼女はつぶやいた。

表現 名詞＋なみ

解説 「～と同じ程度」という意味。

例文 コンピュータグラフィクス全盛の現代にあって、このクレイアニメの手作り感は貴重だ。

表現 名詞＋にあって

解説 「～（という場所、時期、状況など）において」という意味。

例文 彼は、いきなり世界の強豪を倒したというが、彼の剣術の腕前を知っていれば、驚くにはあたらない。

表現 動詞の辞書形＋にはあたらない

解説 「～することは適当ではない／～するほど大きな問題ではない」という意味。

| 例文 | どうせ狩りをするなら、武器の性能は高いにこしたことはない。 |

| 表現 | 動詞の辞書形＋にこしたことはない／イ形容詞の辞書形＋にこしたことはない／名詞・ナ形容詞＋であるにこしたことはない |

| 解説 | 「～よりもいい方法はない、～が最もよい方法だ」という意味。 |

| 例文 | 一号機のパイロットは、いいにつけ悪いにつけ繊細な子だと思う。 |

| 表現 | 動詞の辞書形＋につけ、動詞の辞書形の辞書形＋につけ／イ形容詞の辞書形＋につけ、イ形容詞＋につけ |

| 解説 | 対比する２つの言葉を使って、「～にしても～にしても、どちらの場合でも」という意味。「良きにつけ、悪しきにつけ」などの表現でよく使われる。 |

| 例文 | あのメギツネのことはさておき、早く、コソ泥を片付けてしまえ。 |

| 表現 | 名詞＋はさておき |

| 解説 | 「～は、とりあえず、考えの外においておいて」という意味。 |

| 例文 | えっ、ルイーゼに、彼氏ができたって？　どうりできれいになったはずだ。 |

| 表現 | 動詞・イ形容詞の普通形＋はずだ／ナ形容詞＋なはずだ |

| 解説 | 「～であるなら納得だ」という意味。話し手が納得できないと思っていることがあり、その理由や納得できる説明・事実を見つけて納得するときに使う表現。 |

練習問題15

問題1 次の文の（　）に入れるのに最もよいものを、1・2・3・4から一つ選びなさい。

① 稽古では、わざと土の上に転ばせるなど、荒っぽいことをしますが、驚く（　　）。
　1　にすぎません　　2　までもありません　　3　ばかりです　　4　にはあたりません

② 古い雑誌を読む（　　）めくっていると、今、人気絶頂の俳優がういういしい姿で出ているのを見つけた。
　1　とばかりに　　2　ついでに　　3　ともなく　　4　ながらも

③ いくらのどかな田舎でも、必ず家のカギを閉めるなど、用心する（　　）ない。
　1　ものでも　　2　までのことは　　3　だけでは　　4　にこしたことは

④ 気象庁が発表した長期予報によると、今年の夏は平年（　　）の暑さだということだ。
　1　まま　　2　なり　　3　なみ　　4　ほど

⑤ この酒は、昔（　　）手間のかかる製法で作られているため、非常に高価である。
　1　ながらの　　2　がてらの　　3　かぎりの　　4　ばかりの

⑥ うちの母は、寒い（　　）暑い（　　）、体調がよくないという。
　1　とも・とも　　2　やら・やら　　3　につけ・につけ　　4　にも・にも

⑦ 今日は年に1回のお祭りの日だという。道理で道が込んで（　　）。
　1　いるはずだ　　2　いるばかりだ　　3　いるほどだ　　4　いるかぎりだ

問題2 次の文の　★　に入る最もよいものを、1・2・3・4から一つ選びなさい。

① 上司「作業、あとどのくらいかかりそうだい？」
　部下「そうですね、＿＿＿　＿＿＿　★　＿＿＿。」
　1　でしょうか　　2　といったところ　　3　2〜3時間　　4　あと

② 変化の＿＿＿　＿＿＿　★　＿＿＿と思ったほうがよい。
　1　激しい時代　　2　安定した会社　　3　なんてない　　4　にあって

③ 授業料の＿＿＿　＿＿＿　★　＿＿＿ほっとした。
　1　問題は　　2　志望校に　　3　合格できて　　4　さておき

④ ＿＿＿　＿＿＿　★　＿＿＿、こちらに受け取りのサインをいただけないでしょうか。
　1　恐縮　　2　お取り込み中　　3　なのですが　　4　のところを

⑤ 長男は、決断力がなく小心者なので、＿＿＿　＿＿＿　★　＿＿＿。
　1　社長として　　2　会社を経営　　3　ではない　　4　していける器

例文 黒幕の、意外なところでの登場に、一同は色めき立った。

表現 名詞＋めく

解説 「それらしい傾向、要素をもってきた」という意味。

例文 遅くてもさしつかえありません。お嬢様のご都合のよろしいお時間にお迎えにあがります。

表現 動詞のテ形＋もさしつかえない／イ形容詞のク形＋てもさしつかえない／ナ形容詞・名詞＋でもさしつかえない

解説 「～であっても問題ない」という意味。

例文 日本では、バナナは遠足のおやつには含まないものとされています。

表現 文＋ものとする

解説 「～とみなす／～と解釈する」という意味。

例文 待ちに待ったアイドルのコンサートを明日にひかえて、ロイはいても立ってもいられなくなっている。

表現 名詞＋を＋名詞＋にひかえて

解説 行事や期限を表す内容が前にきて、「～がもうすぐという状態で」という意味。

例文 町民からの訴えを受けて、ついに奉行が動くことになった。

表現 名詞・文＋を受けて

解説 「～という状況や物事が起きたことに対して」という意味。主に書き言葉で使う。

例文 将軍の失脚を皮切りに、乱世の時代が幕を開けた。

表現 動詞の辞書形＋の・動詞のタ形＋の・名詞＋を皮切りに

解説 「～を始まりとして／～を最初として」という意味。

例文 ルイーゼは、恋に落ちたのを機に、アニメ・ゲーム漬けだった生活をあらためた。

表現 動詞のタ形・動詞の辞書形＋のを機に／名詞＋を機に

解説 「～をきっかけとして／～を転換期として」という意味。

例文 このアニメの存在を知った日をさかいに、ロイの人生は変わってしまった。

表現 動詞のタ形・動詞の辞書形＋のをさかいに／名詞＋をさかいに

解説 「～をわかれめとして／～を分岐点として」という意味。「～」には、時間、場所などを表す言葉がくることが多い。

例文 彼は、偉大なハンターだという情報だけをたよりに、父親を探す旅に出た。

表現 動詞の辞書形＋の・動詞のタ形＋の・名詞＋をたよりに

解説 「～の助けを得て／～をよりどころに」という意味。

練習問題16

問題1 次の文の（　　）に入れるのに最もよいものを、1・2・3・4から一つ選びなさい。

① 月末までに連絡がない会員は、本件に賛成（　　）とします。
　　1　させんもの　　2　せんばかり　　3　したもの　　4　できかねる

② 子どもが生まれた（　　）、たばこを吸うのをきっぱりやめた。
　　1　のをもとに　　2　のはおろか　　3　のを機に　　4　あげくに

③ 公演初日を3日後（　　）、スタッフは最後の準備におわれている。
　　1　として　　2　につけ　　3　とばかりに　　4　にひかえて

④ 日中はだいぶあたたかくなり、春（　　）きました。
　　1　らしくて　　2　ように　　3　めいて　　4　がちに

問題2 次の文の＿★＿に入る最もよいものを、1・2・3・4から一つ選びなさい。

① ＿＿＿　＿＿＿　★＿＿＿　＿＿＿は180度、変わってしまった。
　　1　あの事件　　2　の運命　　3　彼　　4　をさかいに

② 真っ暗な中、窓の外からわずかに　＿＿＿　＿＿＿　★＿＿＿　＿＿＿。
　　1　漏れる　　2　たよりに　　3　脱出した　　4　光を

③ ＿＿＿　＿＿＿　★＿＿＿　＿＿＿、弊社では緊急記者会見を開いた。
　　1　報道　　2　一部マスコミ　　3　による　　4　を受けて

④ その絵は、＿＿＿　＿＿＿　★＿＿＿　＿＿＿、半年かけて4都市の美術館をめぐることになっている。
　　1　美術館での　　2　を皮切りに　　3　京都の　　4　公開

⑤ 講演者に事前に許可を得ていただけるなら＿＿＿　＿＿＿　★＿＿＿　＿＿＿。
　　1　ありません　　2　さしつかえ　　3　撮っても　　4　写真を

敬語の時間　5

お嬢様のルイーゼと執事のジーヴスの会話を問題にしました。執事とお嬢様の関係は、お嬢様が目上の立場になります。執事はお嬢様に対して、とても丁寧な言葉を使います。執事になったつもりで、問題を解いてみてください。

ある日の会話です。（　　）の中から正しいものを選びなさい。

ジーヴス：おかえりなさいませ、お嬢様。今日は、美術館に①（a　まいった　b　おいでになられた）とか。②（a　楽しゅうございましたか　b　楽しゅうあられましたか）。

ルイーゼ：ぜーんぜん。家でアニメ見ていたほうがよかった。

ジーヴス：……今日は、オペラも③（a　ご覧になった　b　拝見になった）と伺っております。今日は天気がよろしゅうございますので、お席はテラスに④（a　ご用意いたしております　b　ご用意なさっていらっしゃいます）。お席まで⑤（a　ご案内申し上げます　b　ご案内なさいます）。こちらへどうぞ。
ただいま紅茶をお持ちいたします。⑥（a　お座りいたして　b　お座りになって）お待ちください。

ルイーゼ：ケーキは何があるの？

ジーヴス：本日はアップルパイ、チーズケーキ、クリームブリュレが⑦（a　おいでです　b　ございます）。

ルイーゼ：じゃあ、アップルパイ！

ジーヴス：かしこまりました。他にご用がございましたらこのベルでお呼びください。すぐに⑧（a　まいります　b　みえます）。

（数分後）

ジーヴス：アップルパイでございます。ごゆっくり⑨（a　お召しになってください　b　お召し上がりください）。

（数十分後…）

お出かけでございますか。すぐに、お車を⑩（a　手配いたします　b　手配なさいます）。これから、マンガ専門店まで⑪（a　お買い物にいらっしゃる　b　お買い物にまいられる）とお聞きしております。お気をつけていってらっしゃいませ、お嬢様。

読もう！ オタトピック！ 13

次の文を読んで、1から5の中に入る最もよいものを、1・2・3・4から一つ選びなさい。

　「モテモテ」「ムカつく」「かかってこい」など、日本のアニメや漫画によく出てくる表現を学べる外国人　1　サイト「アニメ・マンガの日本語」が人気だ。独立行政法人国際交流基金関西国際センター（大阪府田尻町）が2月に開設したところ、アクセス数は半年間で約120万件に達した。海外のアニメファンの心をしっかりつかんだようで、利用者は世界165の国・地域に及ぶ。

　日本のアニメや漫画は海外でも若者らに支持されており、最近では「漫画を日本語で読みたい」というファンが増加。ところが、日本語の教科書にはない表現も多く、意味が分からないまま、　2　いる人も多いという。

　外国人の日本語研修を行っている同センターにもそうした相談が　3　、学習サイトの開設を計画。「鉄腕アトム」「ドラゴンボール」など約300の作品を調査し、登場機会の多い少年や少女、侍など8種類のキャラクターごとに、それぞれが多用する計3000種類のセリフや表現を収録した。

　日本語で書かれたセリフを選択すると、意味や使用方法が英語で表示され、発音を聞いたり、クイズ形式で　4　ことも可能。プロの漫画家が書き下ろしたオリジナル作品を通じ、「モグモグ」「ざわざわ」などのオノマトペ（擬態語・擬声語）の意味を学べるコーナーなども設けた。制作費は約800万円。

　担当者は「予想以上の反応。サイト　5　、日本への理解がさらに深まれば」としている。アドレスは http://anime-manga.jp

（『読売新聞』夕刊　2010年8月21日）

①
1 受け　　　　　　　　2 当て
3 付け　　　　　　　　4 向け

②
1 読みかけている　　　2 読み飛ばしている
3 読みすてている　　　4 読みあぐねている

③
1 寄せられ　　　　　　2 話され
3 達せられ　　　　　　4 語られ

④
1 学びもする　　　　　2 学べば学ぶほどの
3 学ばんとする　　　　4 学んだりする

⑤
1 のはずみに　　　　　2 をさかいに
3 を機に　　　　　　　4 を限りに

読もう！　オタトピック！　14

次の文を読んで、1から5の中に入る最もよいものを、1・2・3・4から一つ選びなさい。

　国内最大の中華街を抱える横浜市で、中国出身の児童・生徒が急増している。日本政府が、コックなど特殊技能者の就労ビザ規制を緩和した00年ごろからだ。中華街から西に約1キロの市立富士見中学校（同市中区）は今年度、「外国籍」の生徒と、父か母のどちらかが外国人など「外国につながる」生徒の割合が計42％に上った。日本語が話せない生徒が多いため学校側は悲鳴を上げる。子供たちは自分から望んで来日した　1　。政府が認めて受け入れているのだから、文部科学省は彼らの来日後の日本語教育もきちんとケアすべきだ。

　教室内では中国語が飛び交い、帰宅後も両親は共働きで深夜まで留守。そんな中、アパートで一人、常時中国と　2　インターネットに向かい続ける――。市関係者から聞いた、来日まもない中国人中学生の典型的なイメージだ。現実には、これが2年も3年も続く。

　横浜市は市立の小中学校に「外国籍5人で1人、20人以上で2人」の担当教師を置く「国際教室」を設け、中国語など外国語のできる教師やボランティアが個別指導で補修を行っている。しかし、日本人の中学生が渡米しても容易に英語が　3　のと同じように、来日した中学生が1、2年で日本語を習得することは、とても無理だ。

　「20人いて卒業までに1人が習得できるかどうか」（市関係者）という状況にある。

　横浜市は韓国やフィリピン、南米系住民も多く住む国際都市だ。中心部の中区や南区は、近くに中華街があることから大半の外国人が中国系。中国人はビザを得ると、まず夫婦で来日し、日本永住を決意したら子供を呼ぶ。職場は中華街でのコック、食器洗いや配膳、中華食材工場などが多い。富士見中は学区内に日本有数の日雇い労働者の街とされる寿町地区を抱え、かつては、その子弟が生徒の　4-a　が、近年は寿町全体が高齢化したため、代わって中国系の生徒が　4-b　。

　彼らは日本のマンガやアニメ、歌が好きで、多くが日本に　5　という。しかし、日本語ができないため、「日本のことを知りたいが、勉強はあまりしたくない」という子が目立つ。横浜市国際交流協会（YOKE）の木村博之課長代理は「彼らが日本語を話し

日本シンパとなれば、日中両国にとって大きな財産になる」と語る。〈後略〉

（『毎日新聞』朝刊　2012年6月27日）

1
1　ものである　　　　　　　　2　ものではない
3　わけである　　　　　　　　4　わけではない

2
1　つながらせている　　　　　2　つながっている
3　つながりつつある　　　　　4　つなぎつつある

3
1　できるようになる　　　　　2　できたことがある
3　できるようにならない　　　4　できないはずがない

4
1　a　大半を占めていた／b　増えた　2　a　大半を占めていた／b　減った
3　a　少数派だった　　／b　増えた　4　a　少数派だった　　／b　減った

5
1　とどめたい　　　　　　　　2　とどまりたい
3　とどめない　　　　　　　　4　とどまれない

読もう！　オタトピック！　15

次の文を読んで、1から5の中に入る最もよいものを、1・2・3・4から一つ選びなさい。

　米西海岸のサンノゼに100年以上の歴史を持つ日本語学校がある。かつて出稼ぎで海を渡った日本人がつくった"寺子屋"は今、日系3～4世の子供たちや、日本文化に興味を持つ米国人らが席を並べるにぎやかな学びやになった。1世紀を超えるこの学校の歴史は、米国での日本人や日本文化の移ろいを物語る。

　「キャン・ユー・セイ・ニホンゴ（日本語って言えますか）？」。「サンノゼ別院日本語学園」の6歳児クラスの授業。最年少のこのクラスは児童6人で、日系とそれ以外の子供が3人ずつ。8月下旬に始まった今学期、学園全体では大人も　1　45人ほどが7クラスに分かれ、毎週土曜日の午前中、日本語を学ぶ。

　サンノゼの日本町のランドマークである仏教の寺「サンノゼ別院」に隣接する同校ができたのは1907年（明治40年）。出稼ぎで渡米した日本人が将来、母国に　2　子供に日本語を学ばせようと自主運営で始めた教室がルーツだ。だが多くの日本人はそのまま定住。第2次大戦中の中断を経て、学校の位置づけは変わっていく。

　「日系1世は　3a　教育に熱心だったが、2世は徹底的に　3b　に同化しようとした」。98年から学園で教え、現在はコーディネーターを務める女性、ゴールドスミス千恵さんは話す。全米各地に点在していた日本町は姿を　4　、現存するのはサンノゼとサンフランシスコ、ロサンゼルスの3カ所だけ。サンノゼの学園のようなルーツを持つ学校も減った。

　ところが、日系人社会で3～4世の子供たちが増え始めた15年ほど前から風向きが変わってきた。

　「完ぺきに　5　、日本語に触れてほしい」。サンノゼ近郊に住む日系人女性、マイケル・ショウコさんは息子を、学園の6歳児クラスに通わせている。自らは日本語を話せないが、息子には「日本語を通じ、自分のルーツを知ってほしい」と願う。自分の文化的な背景とアイデンティティーを見つめる日系人の増加が、新たな日本語熱の背景にあるようだ。

　もうひとつの流れは「クールジャパン」という言葉に代表される漫画やアニメといった

日本文化の浸透だ。サンノゼに住む香港出身の一家は家では広東語、勤務先や学校では英語を使うが「子供は日本のアニメが大好き。3つの言語を話せれば将来の選択肢が広がる」と、1年前から息子を通わせる。

　こうした変化が、新たな課題も浮かび上がらせている。その一つは「生徒のレベルがバラバラ」（ゴールドスミスさん）なこと。自主運営の名残で、5年ほど前まで教える内容や手順は各クラスの担当教師に委ねられていたが、体系的なカリキュラムをつくり、教師間の連携も密にするよう心がけている。〈後略〉

（『日本経済新聞』朝刊　2010年10月3日）

[1]
1　含ませて　　　　　　　　2　含め
3　含み　　　　　　　　　　4　含んで

[2]
1　戻る時のため　　　　　　2　戻る時にこそ
3　戻る時にあって　　　　　4　戻る時もあれば

[3]
1　a　日本語／b　米社会　　2　a　日本語／b　日本社会
3　a　英語　／b　米社会　　4　a　英語　／b　日本社会

[4]
1　現わし　　　　　　　　　2　なくし
3　消し　　　　　　　　　　4　散らし

[5]
1　話せるようにならなければならないから
2　話せるようになってからも
3　話せるようになれなくてもいいから
4　話せるようにならない以上

章別表現一覧

第1章　すごい! うれしい! ありがとう!
喜びや感動、感謝などにかかわる表現

- 〜あっての……12
- 〜おかげで……12
- 〜かいがある……12
- 〜だけに……12
- 〜でなくてなんだろう……13
- 〜でもない／〜ものでもない……13
- 〜とあって……13
- 〜といえども……13
- 〜ながらも……14
- 〜ならでは（の）……14
- 〜なりに……14
- 〜にかかっては……16
- 〜にして……16
- 〜にたえる（〜にたえない）……16
- 〜にたる……16
- 〜にはおよばない……17
- 〜にもまして……17
- 〜ばかりだ……17
- 〜もさることながら……17
- 〜をおいて……18
- 〜をものともせず……18

第2章　うそ!? そんな……どうしよう?
悲しみや驚き、残念な気持ちなどにかかわる表現

- 〜あげく……28
- 〜いる場合ではない……28
- 〜おそれがある……28
- 〜がたい……28
- 〜かねない……29
- 〜が最後……29
- 〜が早いか……29
- 〜こともある……29
- 〜ざるをえない……30
- 〜すべがない……30
- 〜そばから……30
- 〜それまでだ……32
- 〜であれ〜であれ／たとえ〜であれ……32
- 〜といったらない／〜といったらありはしない……32
- 〜といわず〜といわず……32
- 〜ときた日には……33
- 〜ところで……33
- 〜としたことが……33
- 〜とは……33
- 〜とはいえ……34
- 〜ともあろう……34
- 〜と思いきや……34
- 〜なり……34
- 〜なり〜なり……36
- 〜にいたって……36
- 〜にいたっては……36
- 〜にかかわる……36
- 〜にかたくない……37
- 〜にしたところで……37
- 〜にも（…ない）……37
- 〜のける……37
- 〜はおろか……38
- 〜ばかりはいられない……38
- 〜はずみに……38
- 〜はめになる……38
- 〜べくもない……40
- 〜ものの……40
- 〜ものを……40
- 〜やいなや……40
- 〜やら…やら……41
- 〜ようがない……41
- 〜られるまま……41
- 〜を余儀なくされる／〜を余儀なくさせる……41

第3章　むかっ! いいかげんにして!
怒りや不快な気持ちなどにかかわる表現

- 〜以上（は）……52
- 〜からして……52
- 〜からといって……52
- 〜極まる／〜極まりない……52
- 〜ことは〜……53
- 〜しまつだ……53
- 〜だの〜だの……53
- 〜たまえ……53
- 〜ためしがない……54
- 〜ってば……54
- 〜っぱなし……56
- 〜ではあるまいし……56
- 〜ではおかない……56
- 〜ではすまない……56
- 〜でもなんでもない……57
- 〜ときたら……57
- 〜ならまだしも……57
- 〜にすぎない……58

~にひきかえ……58
~にもほどがある……58
~べき……60
~ほうがまし……60
~までだ……60
~までも……60
~も～なら～も～……61
~やる……61
~をよそに……61

第4章 ここ！ ここ！ ここが大事！
何かを強調するときの表現

~かぎりだ……72
~からというもの……72
~くらいなら……72
（のは）～くらいのものだ……72
~ごとき……73
~ことこのうえない……73
~ずにはいられない……73
~すら……73
たとえ～ても……74
~たまるか……74
~たりとも……74
~たる……76
~とあれば……76
~といい～といい……76
~という～……76
~と言っても過言ではない……77
~とはうってかわって……77
~とばかりに……77
~ともなると……77
~ともかぎらない……78
~なくして（は）……78
~なしに（は）……78
~にとどまらず……80
~にもかかわらず……80
~のなんの……80
~ばこそ……80
~ぶり……81
~まで……81
~みせる……81
~みろ……81
~もかまわず……82
~もなんともない……82
~ものなら……84
~やまない……84
~ゆえ（の）……84

~わ～わ……84
~を禁じ得ない……85
~をもって……85
~を限りに……85
~んばかり……85

第5章 ひとことでは言えません！
その他の表現

~いかんで（は）……96
今でこそ～だが、もともとは……96
~かたがた……96
~かたわら……96
~がてら……97
必ずしも～ない……97
~から～にかけて……97
~ことだし……97
~こととする……98
これといって～ない……98
~かい？／～だい？……98
~だけのことだ……98
~といったところだ……100
~ところを……100
~として……100
~ともなく……100
~ながらに（の）……101
~なみ……101
~にあって……101
~にはあたらない……101
~にこしたことはない……102
~につけ…につけ……102
~はさておき……102
~はずだ……102
~めく……104
~もさしつかえない……104
~ものとする……104
~を～にひかえて……104
~を受けて……105
~を皮切りに……105
~を機に……105
~をさかいに……105
~をたよりに……105

索引

あ

- ～あげく …………………… 28
- ～あっての ………………… 12
- ～いかんで（は）…………… 96
- ～いじょう（は）…………… 52
- いまでこそ～だが、もともとは …… 96
- ～いるばあいではない ……… 28
- ～おかげで ………………… 12
- ～おそれがある …………… 28

か

- ～かい？ …………………… 98
- ～かいがある ……………… 12
- ～かぎりだ ………………… 72
- ～がさいご ………………… 29
- ～がたい …………………… 28
- ～かたがた ………………… 96
- ～かたわら ………………… 96
- ～がてら …………………… 97
- かならずしも～ない ……… 97
- ～かねない ………………… 29
- ～がはやいか ……………… 29
- ～から～にかけて ………… 97
- ～からして ………………… 52
- ～からというもの ………… 72
- ～からといって …………… 52
- ～きわまる／～きわまりない …… 52
- ～もなんともない ………… 72
- ～くらいなら ……………… 72
- ～くらいのものだ ………… 72
- ～ごとき …………………… 73
- ～ことこのうえない ……… 73
- ～ことだし ………………… 97
- ～こととする ……………… 98
- ～ことは～ ………………… 53
- ～こともある ……………… 29
- これといって～ない ……… 98

さ

- ～ざるをえない …………… 30
- ～しまつだ ………………… 53
- ～ずにはいられない ……… 73
- ～すべがない ……………… 30
- ～すら ……………………… 73
- ～そばから ………………… 30
- ～それまでだ ……………… 32

た

- ～だい？ …………………… 98
- ～だけに …………………… 12
- ～だけのことだ …………… 98
- たとえ～であれ …………… 32
- たとえ～ても ……………… 74
- ～だの～だの ……………… 53
- ～たまえ …………………… 53
- ～たまるか ………………… 74
- ～ためしがない …………… 54
- ～たりとも ………………… 74
- ～たる ……………………… 76
- ～ってば …………………… 54
- ～っぱなし ………………… 56
- ～であれ／～であれ～であれ …… 32
- ～でなくてなんだろう …… 13

116

項目	ページ
〜ではあるまいし	56
〜ではおかない	56
〜ではすまない	56
〜でもない／〜ものでもない	13
〜でもなんでもない	56
〜とあって	13
〜とあれば	76
〜といい〜といい	76
〜という〜	76
〜といえども	13
〜といったところだ	100
〜といったらない／〜といったらありはしない	32
〜といってもかごんではない	77
〜といわず〜といわず	32
〜とおもいきや	34
〜ときたひには	33
〜ときたら	57
〜ところで	33
〜ところを	100
〜としたことが	33
〜として	100
〜とは	33
〜とはいえ	34
〜と（は）うってかわって	77
〜とばかりに	77
〜ともあろう	34
〜ともかぎらない	78
〜ともなく	100
〜ともなると	77

な

項目	ページ
〜ながらに（の）	101
〜ながらも	14
〜なくして（は）	78
〜なしに（は）	78
〜なみ	101
〜ならでは（の）	14
〜ならまだしも	57
〜なり	34
〜なり〜なり	36
〜なりに	14
〜にあって	101
〜にはあたらない	101
〜にいたって	36
〜にいたっては	36
〜にかかっては	16
〜にかかわる	36
〜にかたくない	37
〜にこしたことはない	102
〜にしたところで	37
〜にして	16
〜にすぎない	58
〜にたえる／〜にたえない	16
〜にたる	16
〜につけ…につけ	102
〜にとどまらず	80
〜にはおよばない	17
〜にひきかえ	58
〜にも（…ない）	37
〜にもかかわらず	80
〜にもほどがある	58
〜にもまして	17
〜のける	37
〜のなんの	80

は

- ～はおろか……………………………37
- ～ばかりだ……………………………17
- ～ばかりはいられない………………37
- ～ばこそ………………………………80
- ～はさておき…………………………102
- ～はずだ………………………………102
- ～はずみに……………………………38
- ～はめになる…………………………38
- ～ぶり…………………………………81
- ～べき…………………………………60
- ～べくもない…………………………40
- ～ほうがまし…………………………60

ま

- ～まで…………………………………81
- ～までだ………………………………60
- ～までも………………………………60
- ～みせる………………………………81
- ～みろ…………………………………81
- ～めく…………………………………104
- ～も～なら～も～……………………61
- ～もさしつかえない…………………104
- ～もかまわず…………………………82
- ～もさることながら…………………17
- ～もなんともない……………………82
- ～ものでもない………………………13
- ～ものとする…………………………104
- ～ものなら……………………………84
- ～ものの………………………………40
- ～ものを………………………………40

や

- ～やいなや……………………………40
- ～やまない……………………………84
- ～やら…やら…………………………41
- ～やる…………………………………61
- ～ゆえ…………………………………84
- ～ようがない…………………………41

ら・わ

- ～（ら）れるまま……………………41
- ～わ～わ………………………………84
- ～を～にひかえて……………………104
- ～をうけて……………………………104
- ～をおいて……………………………18
- ～をかぎりに…………………………85
- ～をかわきりに………………………104
- ～をきに………………………………104
- ～をきんじえない……………………85
- ～をさかいに…………………………105
- ～をたよりに…………………………105
- ～をもって……………………………85
- ～をものともせずに…………………18
- ～をよぎなくされる…………………41
- ～をよそに……………………………61
- ～んばかり……………………………85

執筆者紹介

[監修・解説]

青山豊

大阪外国語大学（現　大阪大学外国語学部）英語科卒。日本語教育能力検定試験合格。高校英語教師、民間国際交流団体職員、出版社勤務、『新版　日本語教育事典』（大修館書店、2005）編集補佐、日本語教師養成講座担当などを経て、日本語教師に。共著書に『《日本留学試験対策》記述問題テーマ100［改訂版］』（凡人社、2010）、『日本語能力試験　予想問題集』シリーズ（国書刊行会、2009〜2011）がある。

青山美佳

成城大学文芸学部マスコミュニケーション学科卒。日本語教師養成講座修了後、日本語教育能力検定試験合格。出版社勤務などを経て、フリーランス編集者・ライターに。共著書に『日本語能力試験　予想問題集』シリーズ（国書刊行会、2009〜2011）、『マンガで学ぶ日本語表現と日本文化―多辺田家が行く!』（アルク、2009）。2007年、青山豊と「青山組」を結成。

[例文作成・編集協力]

株式会社タブロイド
　久保内信行
　松田はる菜
　山中貴幸

国書刊行会　編集部

オタジャパ！
オタクな例文で覚える 上級表現＆文型

2012年8月10日　初版第一刷　発行

編著者　『オタジャパ！』製作委員会

　青山豊
　青山美佳

　株式会社タブロイド
　久保内信行
　松田はる菜
　山中貴幸

カバー装画・本文イラスト　横山公一
装幀　山田英春

発行者　佐藤今朝夫
発行所　株式会社国書刊行会
　　〒174-0056　東京都板橋区志村1-13-15
　　電話　03-5970-7421　ファックス　03-5970-7427
　　http://www.kokusho.co.jp

組　版　株式会社明昌堂
印　刷　株式会社シーフォース
製　本　合資会社村上製本所

乱丁本・落丁本はお取り替えいたします。
ISBN　978-4-336-05537-8

国書刊行会の日本語能力試験対策問題集

日本語能力試験
直前対策 シリーズ

日本語能力試験問題研究会 編著

N1 文字・語彙・文法
N2 文字・語彙・文法
N3 文字・語彙・文法

定価：本体 1400 円＋税

シリーズの特徴

＊「文字・語彙・文法」の学習が1冊で完成

＊文字・語彙・文法問題の 15 回分の模擬テストを収録

＊充実の付録「重要語彙　まとめ練習問題」で、必要な語彙を総復習

オタジャパ!
オタクな例文で覚える 上級表現&文型

解答

国書刊行会

p.15

練習問題1

問題1

1. 3
2. 2
3. 3
4. 2
5. 3

問題2

1. 3 　昨晩は、この地方 ならではの 食材を 使った 料理を堪能した。
2. 4 　あなたにとっては納得いかないかもしれないけれど、私 なりに よく考えて 出した 結論 なので、認めてほしい。
3. 4 　努力 したかいが あって、第一希望の 学校に 合格できた。
4. 4 　君がそこまで 覚悟している のなら 協力しない ものでもない。
5. 3 　いくら 温厚な彼 といえども、あそこまで ひどいことを 言われたら怒るのも無理はない。
6. 3 　彼はこれまでにさまざまな 困難を 乗り越えて 来た だけに、ちょっとのことでは動じない。

p.19

練習問題2

問題1

1. 3
2. 4
3. 2
4. 4
5. 1
6. 2

問題2

1. 3 　彼女は、周囲の 反対を ものともせず、そのプロジェクト をやり遂げた。
2. 2 　犯人に関して多くの情報が寄せられたが、信じる にたる 情報は ほとんどなかった。
3. 4 　その映画は、映像の美しさ もさること ながら、音楽が 大変すばらしい。
4. 1 　テーブルに食器を並べおわり、あとはお客様をお迎えする ばかり という時に なって、炊飯器のスイッチを入れ忘れていたことに気付いた。

p.20-21

読もう！　オタトピック！　1

1. 2
2. 4
3. 1
4. 3
5. 1

p.22-23
読もう！ オタトピック！ 2
- ① 2
- ② 3
- ③ 1
- ④ 4
- ⑤ 1

p.24-25
読もう！ オタトピック！ 3
- ① 3
- ② 1
- ③ 4
- ④ 3
- ⑤ 4

p.26
敬語の時間　1
- ① b
- ② a
- ③ a
- ④ b
- ⑤ a
- ⑥ b
- ⑦ b
- ⑧ a
- ⑨ a
- ⑩ a

p.31
練習問題3
問題1
- ① 3
- ② 1
- ③ 2
- ④ 4
- ⑤ 2
- ⑥ 1
- ⑦ 3

問題2
- ① 1　この植物は乾燥した気候を好むため、<u>水を</u>　やりすぎると　<u>枯れてしまう</u>　こともある。
- ② 1　こんなことが社長の　<u>耳に入った</u>　が最後、クビは　<u>免れない</u>　だろう。
- ③ 3　<u>ダイエット</u>　するって　言ってる　<u>そばから</u>、何、口をもぐもぐさせてるの？
- ④ 2　父が急死し、残された家族を養うため、<u>仕事</u>　を選んでいる　<u>場合</u>　ではなくなった。

p.35
練習問題4
問題1
1. 1
2. 1
3. 4
4. 4
5. 2
6. 2
7. 1

問題2
1. 4　専門家の調査委員が　まとめた報告書　とはいえ、調査が杜撰だった　のだから　おいそれと信じるわけにいかない。
2. 1　今場所も、横綱が　優勝するか　と思いきや、初日から　3連敗　という、信じられないことが起きた。
3. 3　私と　したことが、このような　失敗を　してしまう　とは恥ずかしい限りです。
4. 3　顔と　いわず　手　といわず　全身　を力に刺されてしまい、かゆくて仕方ない。
5. 2　授業には　出ない　宿題も　出さないと　きた日には、進級できないのも当然だ。

p.39
練習問題5
問題1
1. 2
2. 3
3. 1
4. 2
5. 4
6. 4
7. 2

問題2
1. 2　彼女は、走る　のはおろか、歩くこと　さえ　できなかった。
2. 1　彼女のやつれた顔をみれば、現場が　いかに過酷な　状況だったのか、想像に　かたくない。
3. 1　マンガ本を買いすぎて電車賃が　なくなり、歩いて　帰る　はめに　なった。
4. 1　裁判で　極刑を　言い渡される　にいたって、ようやく　自分の犯した罪の重さに気がついた。
5. 2　彼に　したところで、すべての問題を　解決できるような　秘策を　持っているわけではない。

p.42
練習問題6
問題1
1. 2
2. 1
3. 3

問題2
1. 1　黙って　いれば　ばれなかった　ものを、なんで言ってしまったんだい？
2. 1　都会では　望む　べくもない　贅沢な　広さを　持つ家。

③	2	そのニュースが 放送される やいなや、会社の 電話が いっせいに鳴りはじめた。
④	1	部品が入手できなければ、修理する 人 だって 直そうにも 直しようが ない。
⑤	3	人気投票で、彼女は、1位には なれなかった ものの、約2万票を 獲得した。

p.43
敬語の時間　2
1. b
2. b
3. a
4. b
5. b
6. a
7. b
8. a
9. b
10. a
11. a
12. b
13. a
14. a

p. 44-45
読もう！　オタトピック！　4
1. 2
2. 4
3. 2
4. 3
5. 1

p.46-47
読もう！　オタトピック！　5
1. 4
2. 1
3. 2
4. 4
5. 2

p.48-49
読もう！　オタトピック！　6
1. 3
2. 1
3. 4
4. 2
5. 4

p.55
練習問題7
問題1
1. 1
2. 2
3. 4
4. 1

問題2
1. 3　いくら　夫婦　だから　といって、言っていいことと悪いことがある。
2. 1　約束　した以上、どんなことをしても　期日に　間に合わせる　のが当たり前だろう。
3. 1　もらった資料、ざっと　目を　通した　ことは　通したけど、完璧には理解できなかった。
4. 2　あの店は　店長　からして　感じ　が悪い　のだから、ほかの店員の態度が悪いのも当然だ。
5. 1　あの人の　いうことを　聞いて、うまくいった　ためし　がない。
6. 4　車の中に　子どもだけ　残すなんて、危険　極まりない。

p.59
練習問題8
問題1
1. 2
2. 2
3. 3
4. 2
5. 4
6. 4
7. 4

問題2
1. 4　疲れていたため、気付いたら、電気を　つけっぱなしで　寝てしまって　いた。
2. 2　小学生　ではあるまいし　叱られてすぐ泣く　ようでは　社会人　は務まらない。
3. 4　素人　ならまだしも　プロの選手　がそんな　情けない　試合をしてどうする。

p.62
練習問題9
問題1
1. 3
2. 1
3. 1

問題2
1. 1　地域の　住民たちの　心配をよそに、化学工場の　建設が　始まった。
2. 4　彼に　金を貸す　くらいなら、ドブに捨てた　ほうがまし　だ。
3. 4　電車の中で　好き勝手をしている　子も子なら　それを叱れない　親も親　だ。
4. 3　毎日　とはいわないまでも、せめて　週に2～3回　は、プールに行って泳ごうと思う。

p.63
敬語の時間　3
1. b

- 2　b
- 3　a
- 4　a
- 5　a
- 6　b
- 7　b
- 8　b

p.64-65
読もう！　オタトピック！　7
- 1　2
- 2　1
- 3　3
- 4　4
- 5　1

p.66-67
読もう！　オタトピック！　8
- 1　4
- 2　1
- 3　3
- 4　2
- 5　2

p.68-69
読もう！　オタトピック！　9
- 1　1
- 2　3
- 3　3
- 4　2
- 5　3

p.75
練習問題10
問題1
- 1　1
- 2　1
- 3　1
- 4　3
- 5　4
- 6　1

問題2
- 1　3　おまえの　ごとき　卑怯者に、そこまで　言われる筋合いはない。
- 2　4　その治療は痛みを伴うので、大人ですら　声を挙げる　人が多いのに、この子は　泣き言一つ言わない。
- 3　2　楽しみにしていたコンサートだったのに、ひどい　風邪をひいて　行くことができず、残

|4| 4　こんなマイナーな映画を　見にいく　のは　私くらい　のものだ　と思っていたら、満席だった。
|5| 1　スマートフォン　を買って　から　というもの、本を読む時間がめっきり減ってしまった。

p.79
練習問題11
問題1
|1| 4
|2| 1
|3| 3
|4| 2
|5| 2
|6| 1

問題2
|1| 3　このアナウンサーは、ここで　感動しろ　とばかりに　過剰な解説　をするので、ファンには嫌がられている。
|2| 4　横綱　たる者、他の力士の　手本　になるよう、人一倍、稽古しなくてはならない。
|3| 3　昨日の　嵐のような　天気とは　うってかわって、今日は　朝から太陽がさんさんと照っている。
|4| 3　あの男は、金のため　とあれば、　人を不幸にする　なんて　なんとも　思っていない。
|5| 3　法律で、本人の許可　なしに　電話番号を　お教えする　ことは　禁じられています。

p.83
練習問題12
問題1
|1| 4
|2| 4
|3| 1

問題2
|1| 2　毎日、地道な　練習を　続ければ　こそ、40歳を　過ぎてもなお現役選手として活躍することができるのだ。
|2| 3　このマンガ、もう　面白いの　なんのって、だまされた　と思って　読んでみてよ。
|3| 1　彼は、右目が　ほとんど　見えない　にも　かかわらず、それを隠して土俵に立ち続けた。
|4| 2　夏休みの日曜　なんかに　プールに　行って　みろ、とても泳ぐことなんてできないよ。
|5| 1　家族　を犠牲に　してまで　会社に尽くす　なんて、ばかげている。
|6| 1　多くの　人が　いるのもかまわず、彼は　大声を　あげて泣いた。
|7| 4　うまくも　なんとも　ないように　見える絵　だが、2000万円もすると聞いて驚いた。

p.86
練習問題13
問題1
|1| 2
|2| 2
|3| 4
|4| 4

- ⑤ 4
- ⑥ 1
- ⑦ 3

問題2
- ① 1　企業再建のために巨額の税金がつぎ込まれているのに、社員の　給料を　上げるとは、怒りを　禁じ得ない。
- ② 4　願い　がかなう　ものなら、一度でいいから、宇宙　からオーロラを見てみたい。

p.87
敬語の時間　4
- ① a
- ② a
- ③ a
- ④ b
- ⑤ a
- ⑥ b
- ⑦ b
- ⑧ a
- ⑨ a
- ⑩ b
- ⑪ a
- ⑫ b

p.88-89
読もう！　オタトピック！　10
- ① 3
- ② 2
- ③ 1
- ④ 4
- ⑤ 3

p.90-91
読もう！　オタトピック！　11
- ① 3
- ② 2
- ③ 3
- ④ 4
- ⑤ 4

p.92-93
読もう！　オタトピック！　12
- ① 4
- ② 1
- ③ 2
- ④ 1
- ⑤ 3

p.99
練習問題14
問題1
1. 1
2. 3
3. 1
4. 4
5. 1
6. 3

問題2
1. 2　何かにかぶれたのか、肩 から 背中 にかけて、赤い湿疹 が出てしまった。
2. 1　すごく精巧なフィギュアだね。いったい これは だれが つくった んだい？
3. 1　偏差値の高い大学を卒業しているからといって、必ずしも 仕事ができる とは 限らない。
4. 4　理事会の決定により、乱闘騒ぎを起こした学生には、1週間の 自宅謹慎を 命ずること とする。
5. 1　作業も 終わったこと だし、引き上げること にしよう。
6. 1　彼女は、今でこそ トップアイドル だが、もともとは コンビニの アルバイト店員だった。

p.103
練習問題15
問題1
1. 4
2. 3
3. 4
4. 3
5. 1
6. 3
7. 1

問題2
1. 2　そうですね、あと 2～3時間 といったところ でしょうか。
2. 2　変化の 激しい時代 にあって、安定した会社 なんてない と思ったほうがよい。
3. 2　授業料の 問題は さておき、志望校に 合格できて ほっとした。
4. 1　お取り込み中 のところを 恐縮 なのですが、こちらに受け取りのサインをいただけないでしょうか。
5. 4　長男は、決断力がなく小心者なので、社長として 会社を経営 していける器 ではない。

p.106
練習問題16
問題1
1. 3
2. 3
3. 4
4. 3

問題2
1. 3　あの事件 をさかいに、彼 の運命 は180度、変わってしまった。

| 2 | 2 | 真っ暗な中、窓の外からわずかに 漏れる 光を たよりに 脱出した。
| 3 | 1 | 一部マスコミ による 報道 を受けて、弊社では緊急記者会見を開いた。
| 4 | 4 | その絵は 京都の 美術館での 公開 を皮切りに、半年かけて4都市の美術館をめぐることになっている。
| 5 | 2 | 講演者に事前に許可を得ていただけるなら、写真を 撮っても さしつかえ ありません。

p.107
敬語の時間　5
① b
② a
③ a
④ a
⑤ a
⑥ b
⑦ b
⑧ a
⑨ b
⑩ a
⑪ a

p.108-109
読もう！　オタトピック！　13
1　4
2　2
3　1
4　4
5　3

p.110-111
読もう！　オタトピック！　14
1　4
2　2
3　3
4　1
5　2

p.112-113
読もう！　オタトピック！　15
1　2
2　1
3　1
4　3
5　3

初版第一刷